Marcel van Eeden
SCHRITTE INS REICH DER KUNST

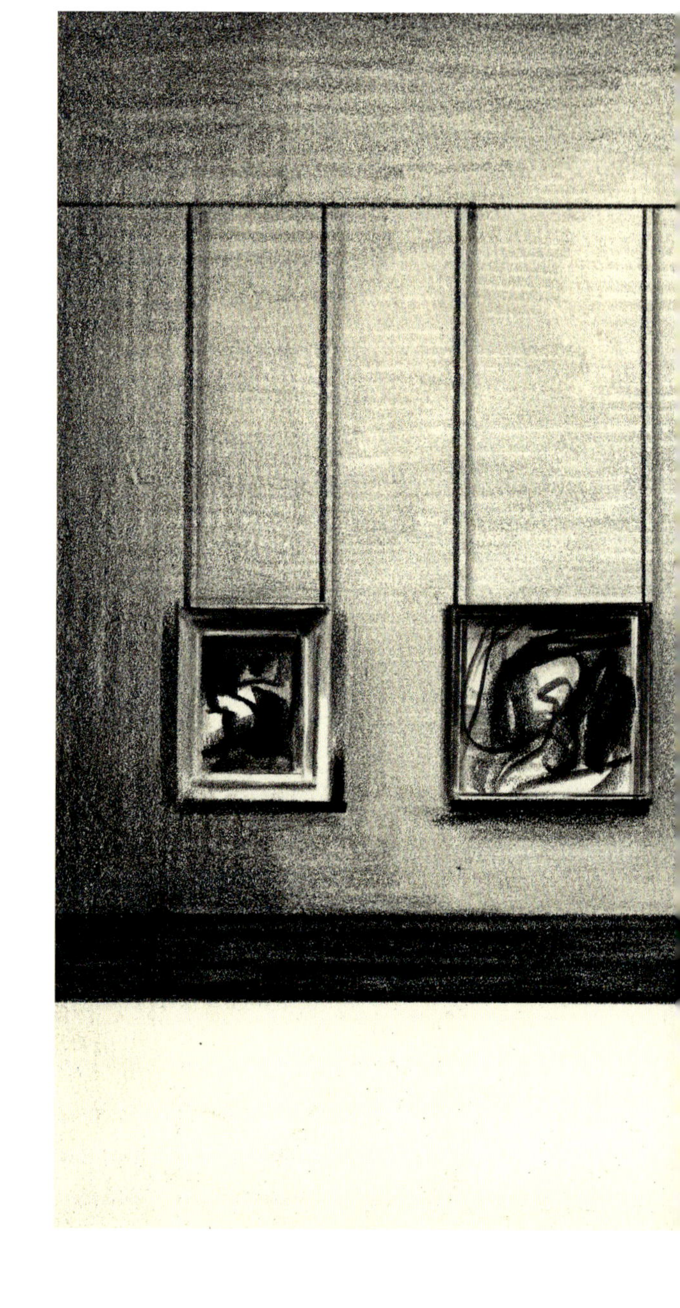

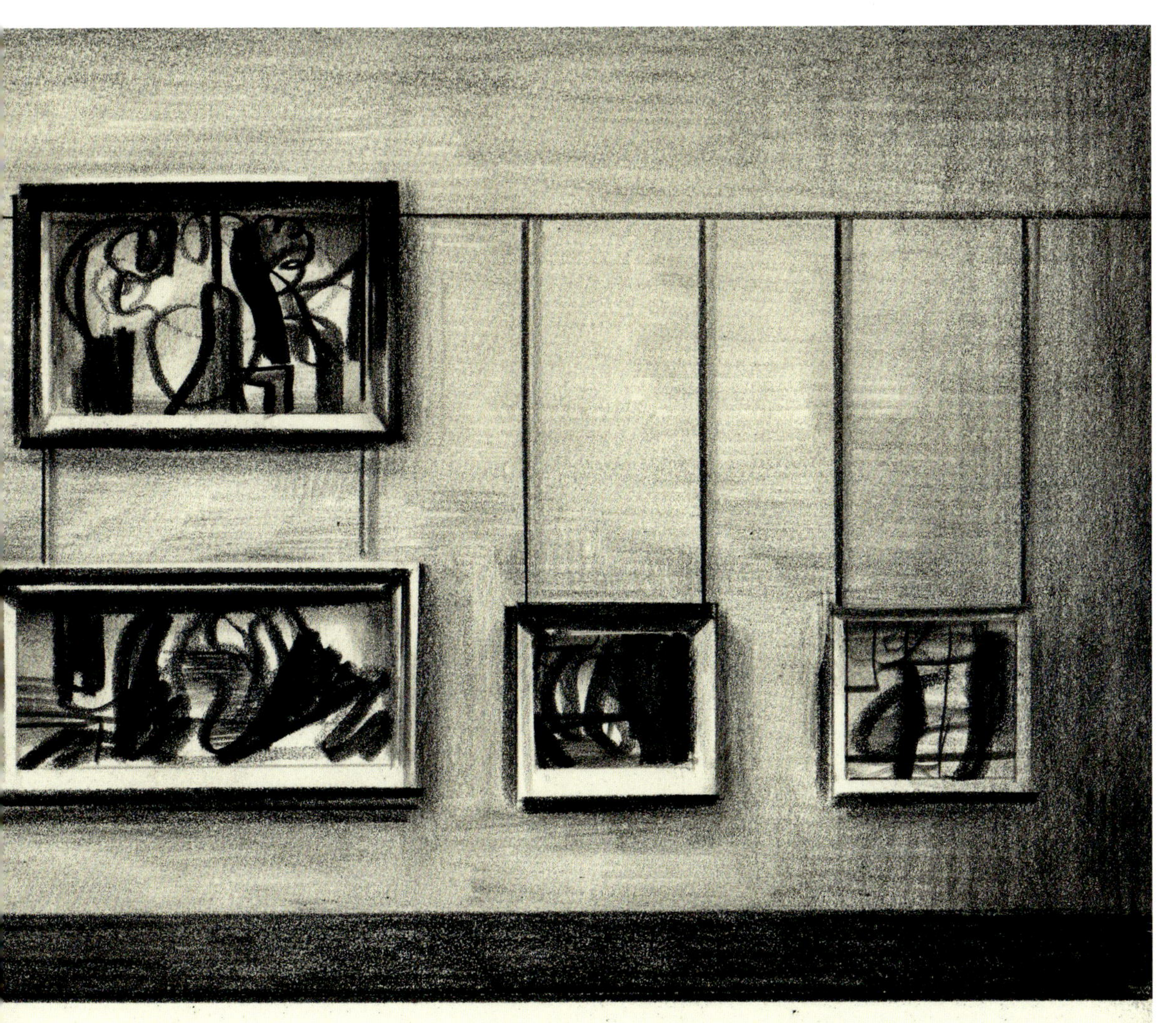

Oswald Sollmann
Haus am Waldsee, Berlin

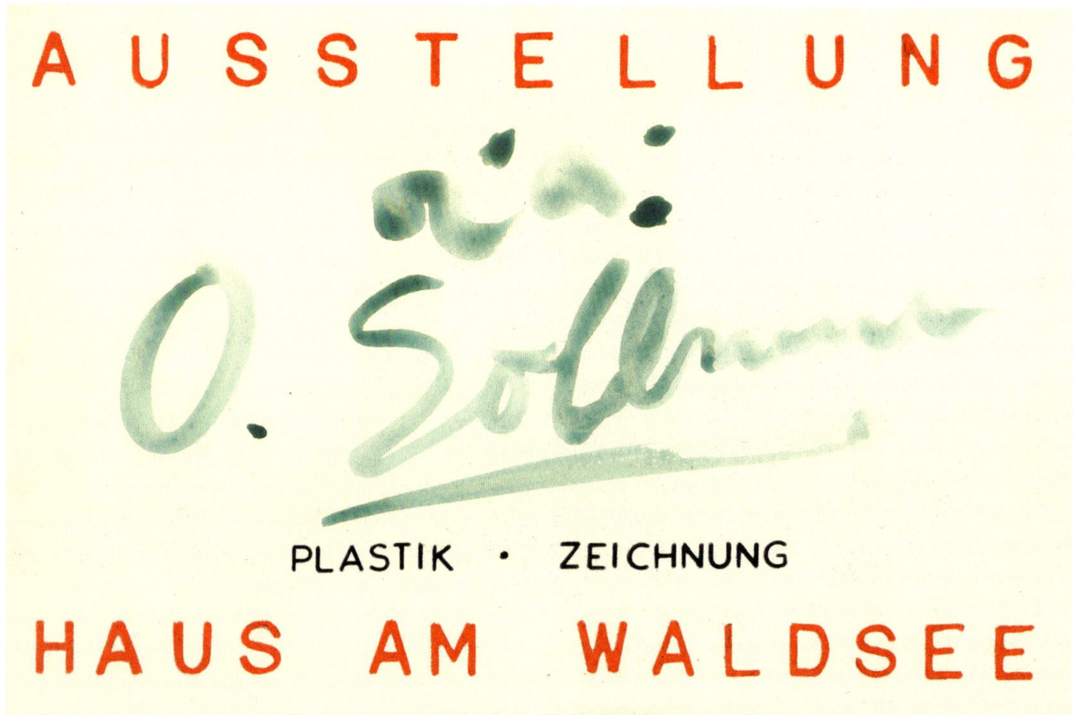

AUSSTELLUNG
O. Sollmann
PLASTIK · ZEICHNUNG
HAUS AM WALDSEE

Schritte ins Reich der Kunst

Auf der Suche nach Vorlagen für eine neue Zeichnungsserie stieß Marcel van Eeden in einem Münchner Antiquariat auf frühe Kataloge des Hauses am Waldsee. Dem 1965 in den Haag geborenen Künstler erschien der Ort relevant für die deutsche Kunstszene der 50er Jahre. Also integrierte er den Namen des Berliner Ausstellungshauses in seine Serie „The Life and Work of K. M. Wiegand" (2005/06) und kombinierte ihn mit Bildern anderer Museen, die in typischen Oberlichtsälen abstrakte Kunst der frühen Nachkriegsjahre vorstellten. Durch die Text-Bildkombination, die van Eeden aus unterschiedlichen Quellen in seinen Zeichnungen zusammenfügt, wurde das Haus am Waldsee zum Synonym des zeitgenössischen Museums schlechthin. Der Niederländer hatte es bis dahin nie besucht. Es drängte ihn auch nicht, hatten doch die 50er Jahre mit seinem Leben nichts zu tun.

Marcel van Eeden belebt mit viel Sinn für das Absurde, Kriminalistische und Zufällige eine Welt außerhalb seiner selbst, in einer vergangenen Gegenwart, die ebenso gut unsere als auch eine zukünftige sein könnte. Konsequent zeichnet er nach fotografischen Vorlagen, die vor seiner Geburt gedruckt wurden. Was ihn antreibt, ist die Neugier auf eine Gegenwart, die ohne ihn existiert, die vor seiner Geburt beziehungsweise nach seinem Tod stattfindet. Statt über das Leben nach dem Tod zu spekulieren, schafft er auf der Grundlage einer dokumentarisch verbürgten, früheren Zeit neue Zusammenhänge und Fakten. Van Eeden bedient sich in der Vergangenheit und kombiniert das Vorgefundene zu einer neuen „Gegenwart". Er entzieht den Geschichten und Lebensläufen ihre konstruierte Geradlinigkeit, um ihnen eine andere Syntax mit eigener Logik zu unterlegen. Der Strategie der Dekonstruktion von Fotovorlagen folgt die Konstruktion in der Zeichnung nach eigenen Regeln.

Der Betrachter stößt in den Serien – von denen die wichtigsten in der aktuellen Ausstellung „Schritte ins Reich der Kunst" zum ersten Mal zusammengeführt werden - selten auf eindeutige Zusammenhänge. Vielmehr erscheinen Einzelsituationen frei kombiniert. Es sind Ansätze zu Geschichten, die abbrechen, assoziativ weiterführen, erneut abbrechen, woanders wieder ansetzen. Schnell wird unser Denkvermögen mit seinen angelernten Ordnungsmustern irritiert.

Doch nicht nur die Einzelbilder machen es schwer, logische Zusammenhänge oder Geschichtsstränge in den Serien von van Eeden zu erkennen. In Kombination mit den integrierten Unterschriften, die wie Spruchbänder aus kommentierten Fotoserien der „Yellow Press" erscheinen, entzieht der Künstler seinen Bildserien jegliche herkömmliche Erzählform, um gleichzeitig eine neue, dadaistisch-assoziativ geprägte zu schaffen. Sie lässt jede Kombination zu und macht den aktiven Betrachter zum Konstrukteur seiner eigenen Lesart. Und ist es nicht dies, was unser aller Leben ausmacht? Das assoziative Kombinieren, Akkumulieren und Erinnern von Erfahrungen, Situationen, Begegnungen, die unzusammenhängend nebeneinander stehen und erst im Nachhinein zu einem „logischen" Konstrukt aufgebaut werden, das man Lebenslauf nennt?

„Schritte ins Reich der Kunst" zeigt den Versuch eines Künstlers, der die Handzeichnung nach einem strengen Konzept neu belebt hat, um mit dem Zeichenstift über die Zeit nachzudenken. Dabei rückt er die Spuren unserer profanen Existenz ins Licht des Film Noir. Er verleiht dem Banalen Spannung und spitzt die vergänglichen Spuren, die wir hinterlassen, auf die Frage nach dem Sinn unserer Existenz zu.

Katja Blomberg

Stepping into the realm of art

In search of material for a new series of drawings, Marcel van Eeden happened upon old catalogues from the early days of Haus am Waldsee at an antiquarian bookshop in Munich. Born in 1965 in The Hague, the artist considered the location relevant for the German art scene of the 1950s. Hence he integrated the name of the Berlin art institution into his cycle "The Life and Work of K.M. Wiegand" (2005/06) combining it with images of other museums which present the abstract art of the early post-war period in typical, sky-lit galleries. Composing texts and images from various sources into his drawings, van Eeden rendered Haus am Waldsee synonymous with the contemporary museum as such. Up to that point, the Dutchman had never visited the place. There had been no need because the 1950s had nothing whatever to do with his life.

Marcel van Eeden revives a world outside his own existence with a great sense of the absurd, sleuthing and the coincidental. He does so in a past present which could just as well have been our own present or that of some future time. He is consistent in only drawing after photographic material which was printed before his birth. What drives him is curiosity of a present that takes place without him, be it before his birth or after his death. Instead of speculating on an existence after death, he creates new facts and contexts on the basis of a past authenticated by documents. Van Eeden avails himself of the past and combines the material he finds there into a new "present". He divests the stories and biographies of their construed linearity in order to underlay them with a different syntax and a logic of his own making. The strategy of deconstructing photographic material is followed by the construction, in the actual drawing, according to his own rules. The viewer hardly encounters any unambiguous contexts in the series of which the most important ones are presented together in the present exhibition for the first time. Rather, particular situations appear to be assembled in free association. They are rudiments of stories, breaking off, taken up again by association, abandoned once more and taken up somewhere else entirely. Soon, our thinking habits and their acquired systems of classification and ordering are becoming disoriented.

But not only the individual images hamper our quest for logical contexts or narrative lines within van Eeden's series. This, taken together with the integrated subtitles which appear like banners from annotated photo-series out of the "yellow press," enables the artist to deprive his drawing cycles of any kind of traditional narrative form. At the same time he is creating a new form, shaped by Dada and association, which allows for every combination and turns the viewer into the constructor of his own reading. Is this not precisely what our lives are all about? Combining by association, accumulation and recollection of experiences, situations, encounters which stand alongside each other disparately and are construed only after the event as a logical sequence known as a biography?

"Schritte ins Reich der Kunst" shows an artist, who has breathed new life into freehand drawing by applying a rigorous conceptual approach to it, attempting to ponder time by means of the drawing pen. In doing so, he sheds the light of film noir on the traces of our mundane existence. He creates suspense in the banal and sharpens the transitory traces we leave behind into the question of the meaning of our existence as such.

Katja Blomberg

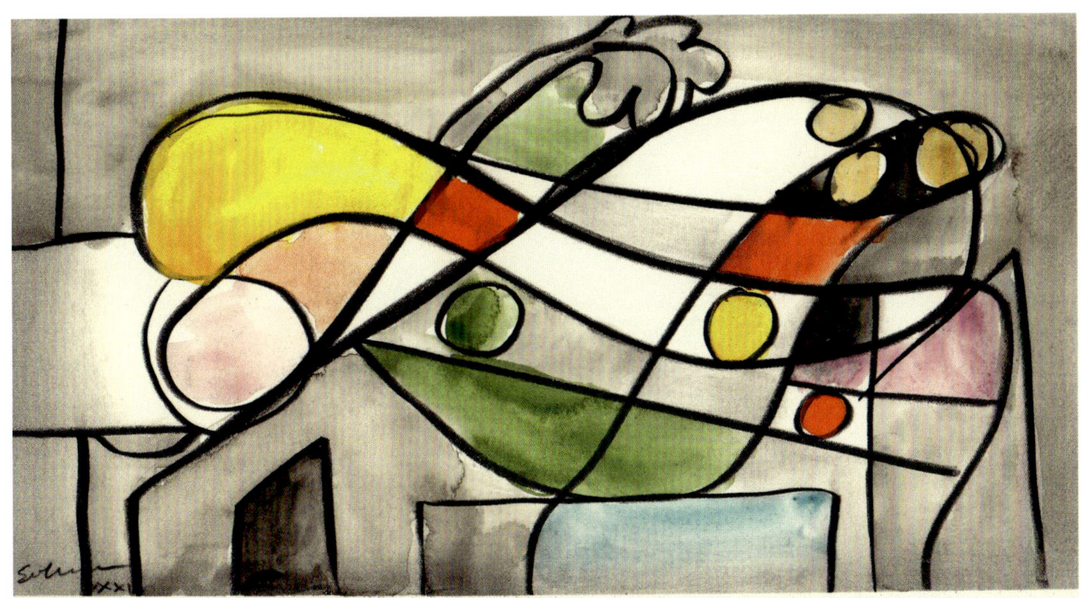

O. Sollmann , 'That's Mighty Funny'
Watercolor , 132 x 170 cm

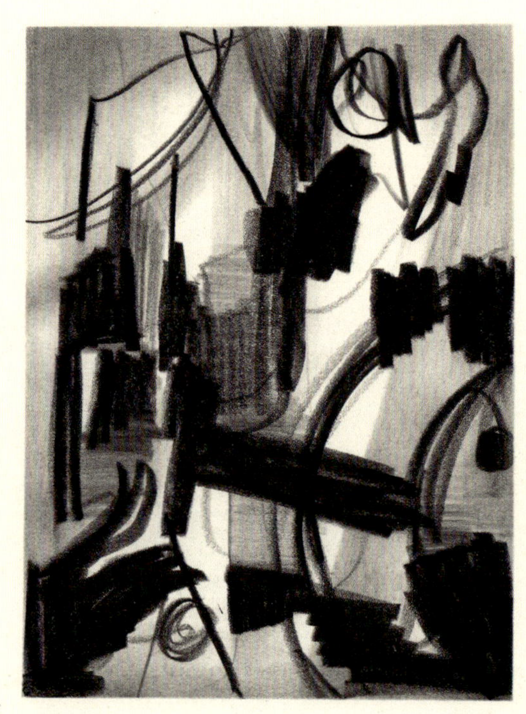

Oswald Sollmann

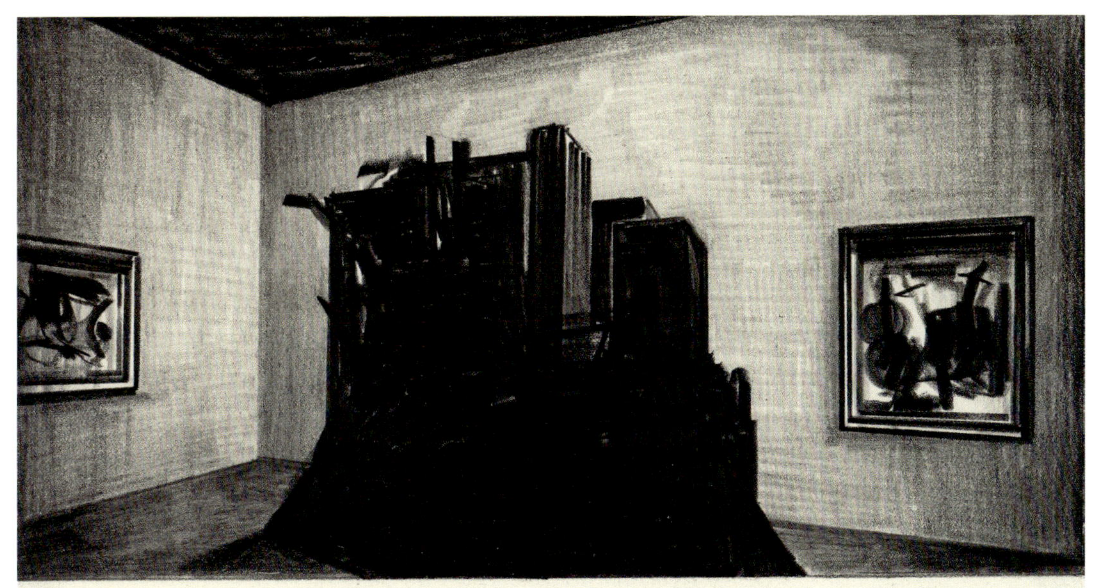

O. Sollmann
Haus am Waldsee, Berlin, 1951

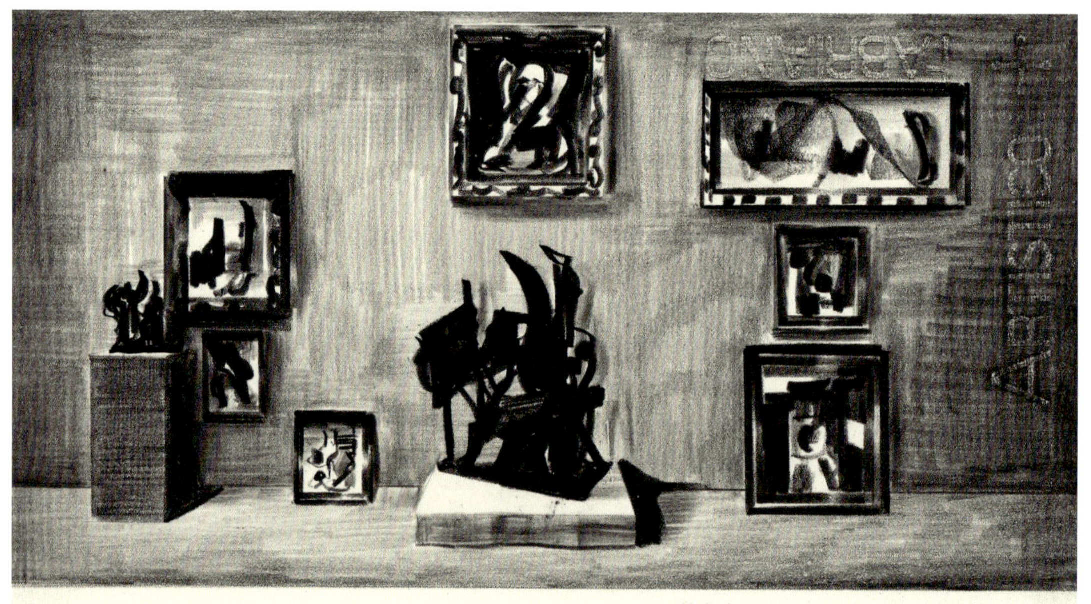

O. Sollmann
Haus am Waldsee , Berlin, 1951

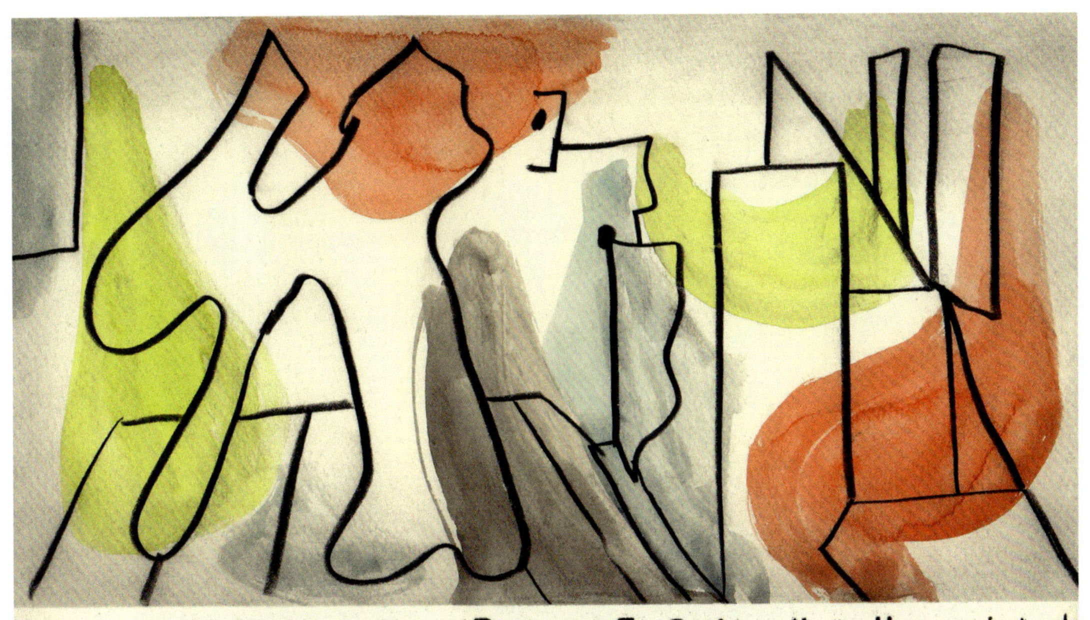

Oswald Sollmann, Haus am Waldsee, 1951
Serie von 12 Zeichnungen, 2010
Zeichnungen je 19×28 cm,
Nerostift und Aquarell auf Bütten
S. 2–11

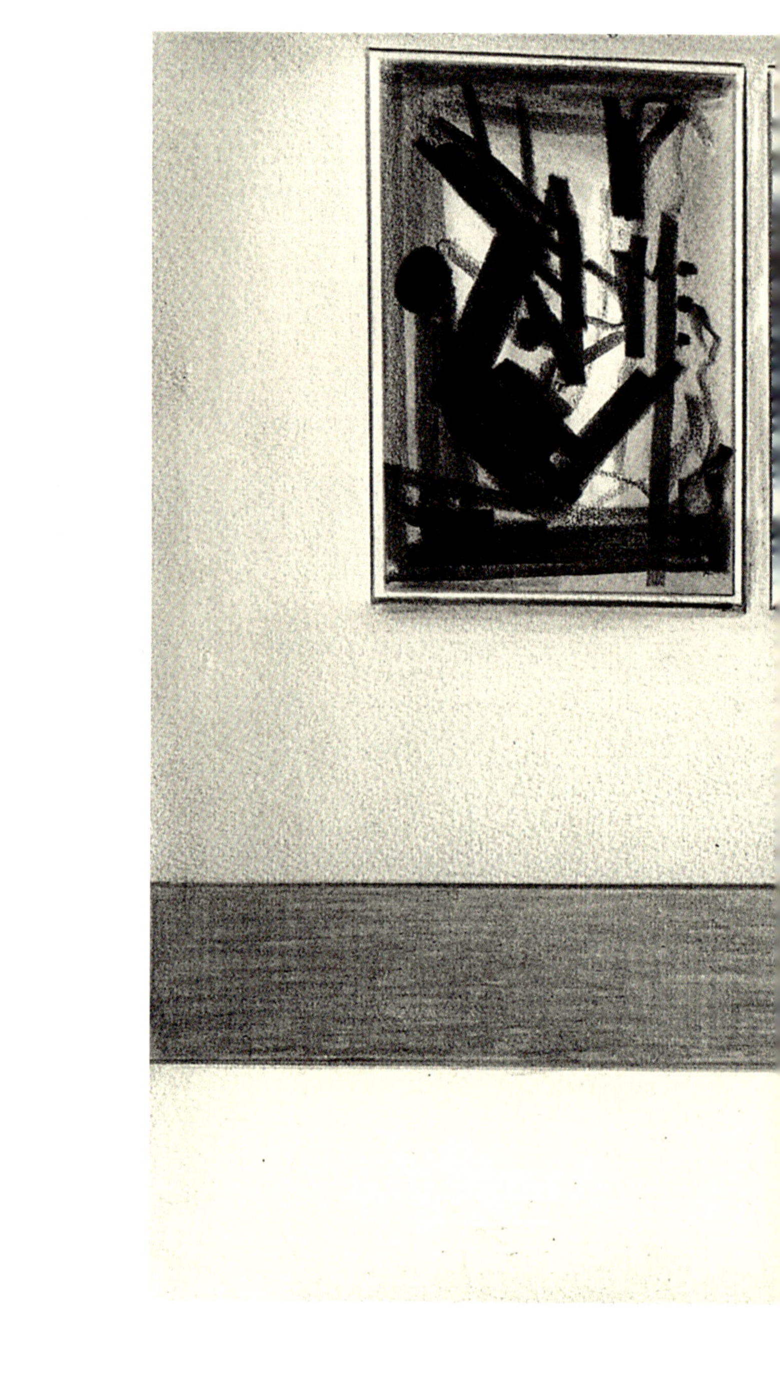

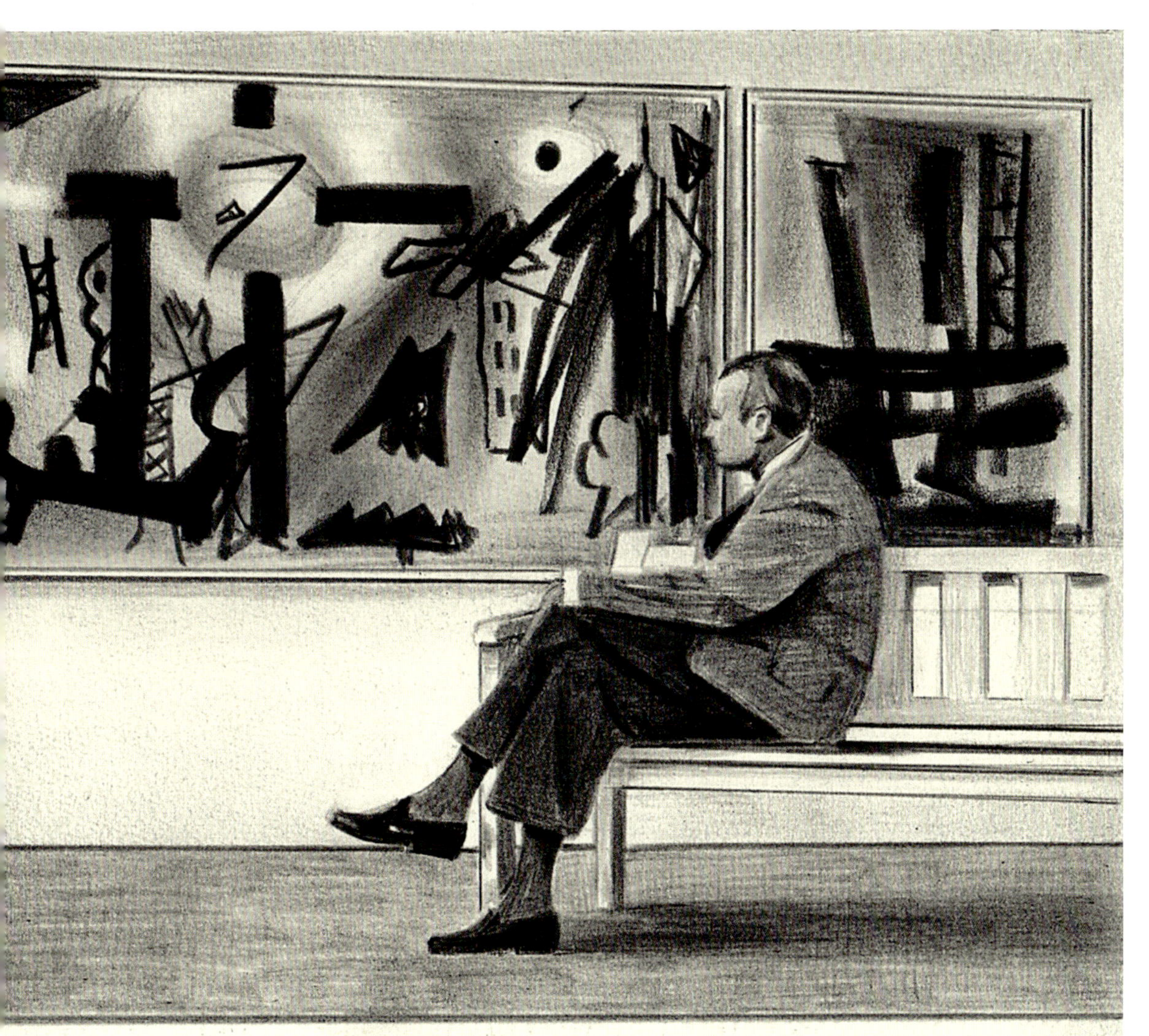

K.M. Wiegand
Haus am Waldsee, Berlin

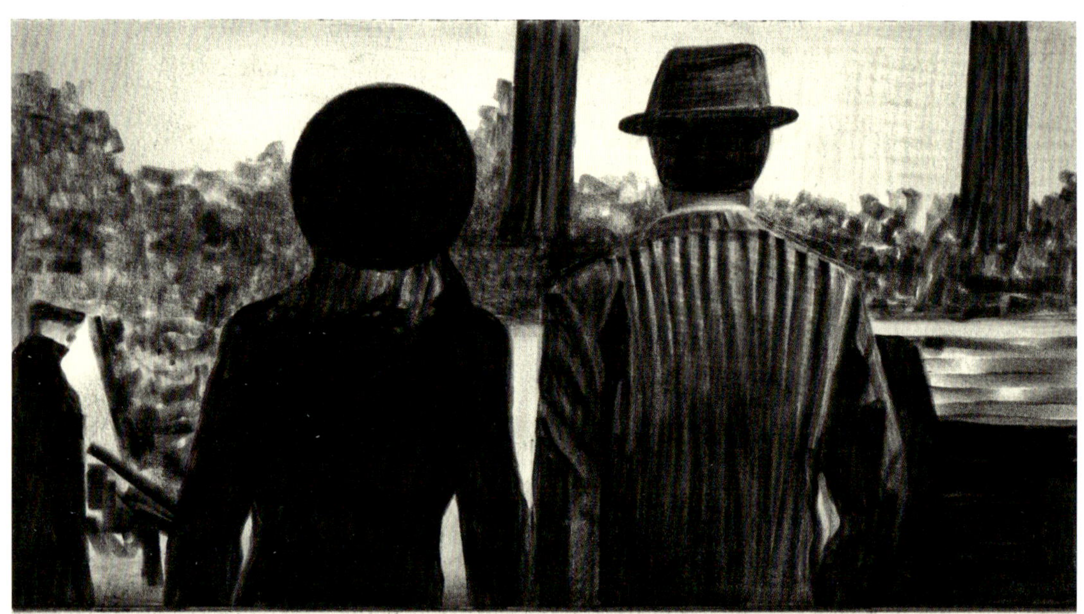

WER SCHLENDERT HIER Hand in Hand durch Paris? –
K.M. Wiegand und Rita Hayworth glauben sich unbeobachtet

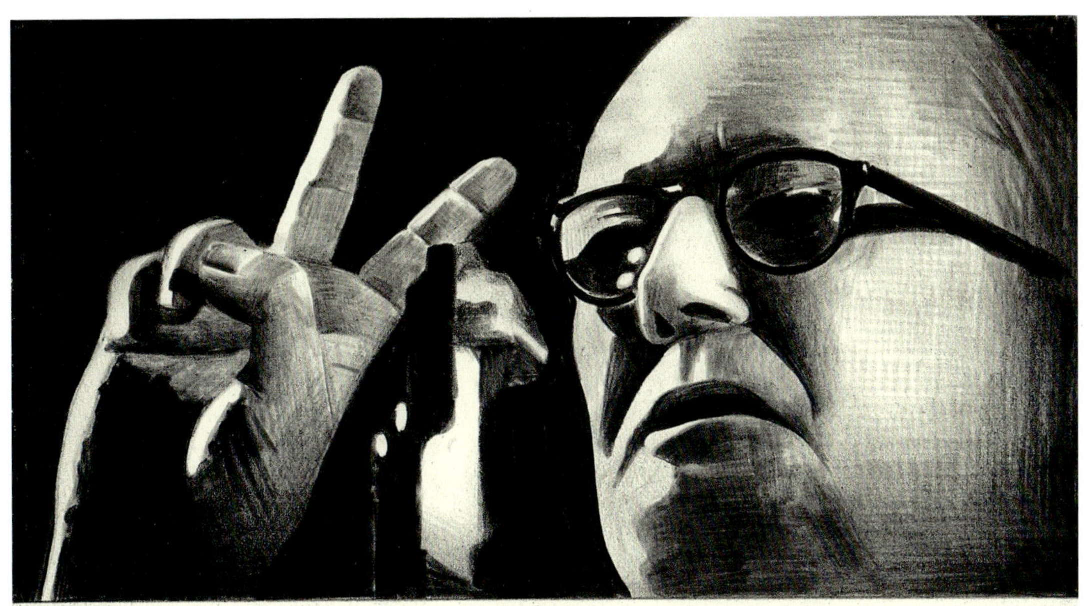

His fingers up in the victory symbol, K.M. Wiegand tells
his suporters in Pretoria that their mastery of South

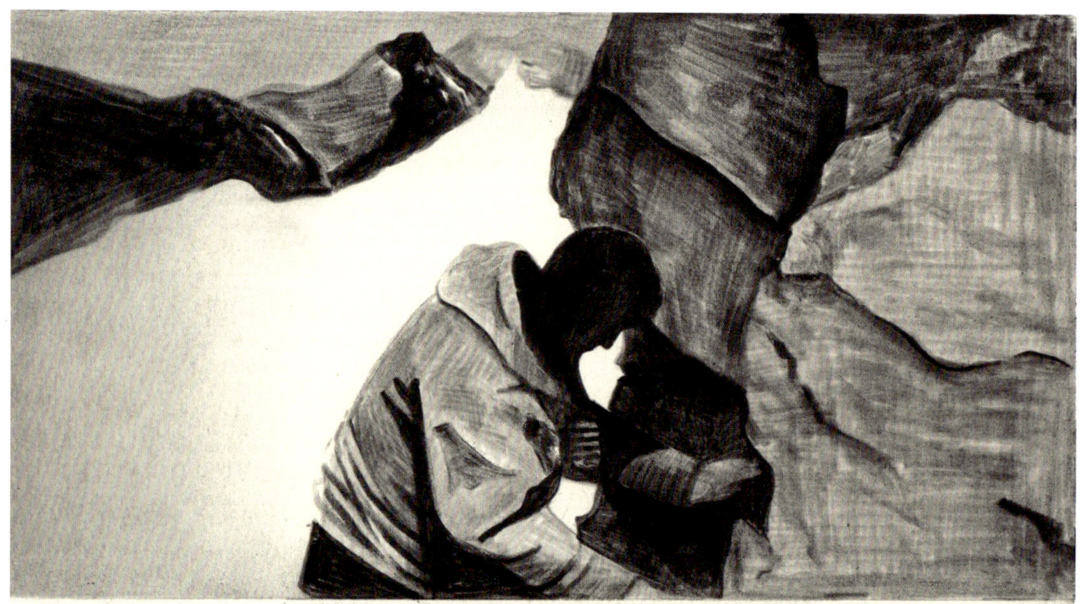

Geologist at work. Twenty-two year old Karl Wiegand, soon to be overtaken by misfortune, examines a rockface.

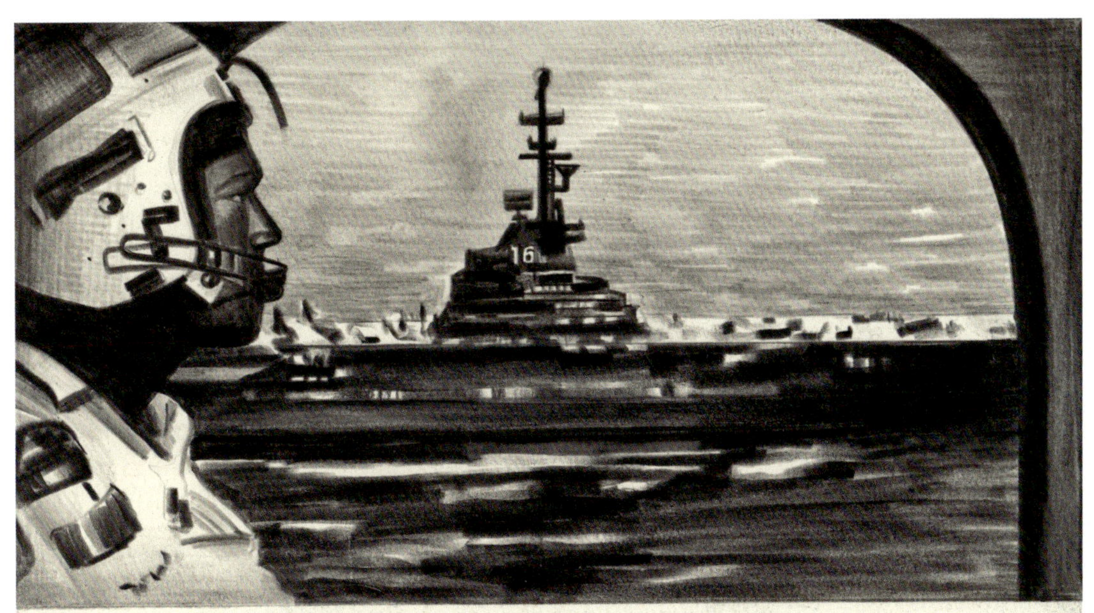

U.S. COMMANDER in the Pacific, Admiral K.M.Wiegand
directs a defense force of 373,000 men.

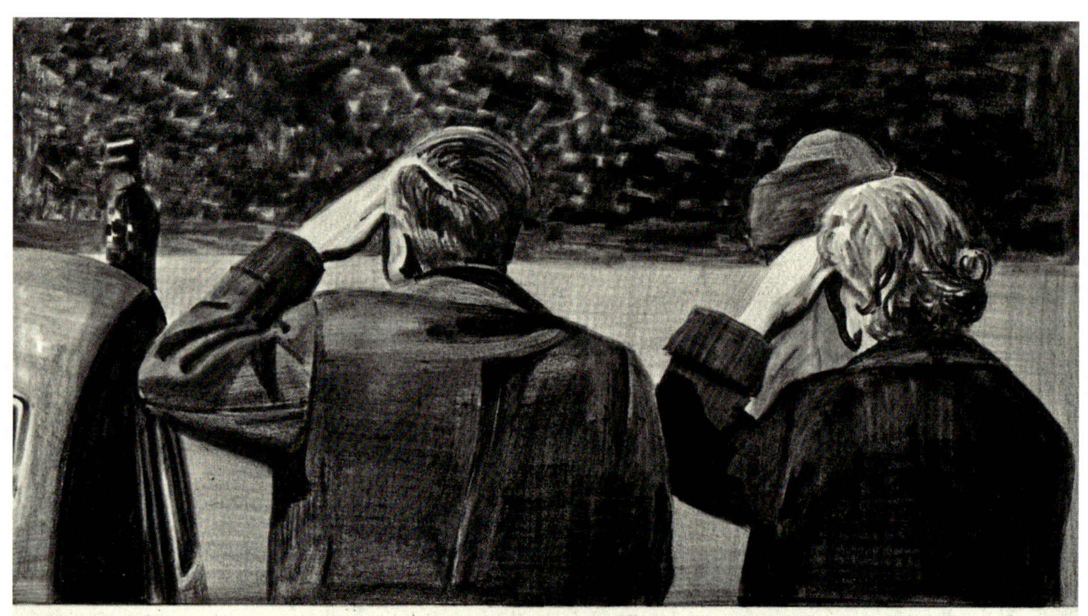

A L'ARRIVEE DE L'HELICOPTERE M. ET Mme WIEGAND
ONT EU INSTINCTIVEMENT LE MEME GESTE : FAIRE

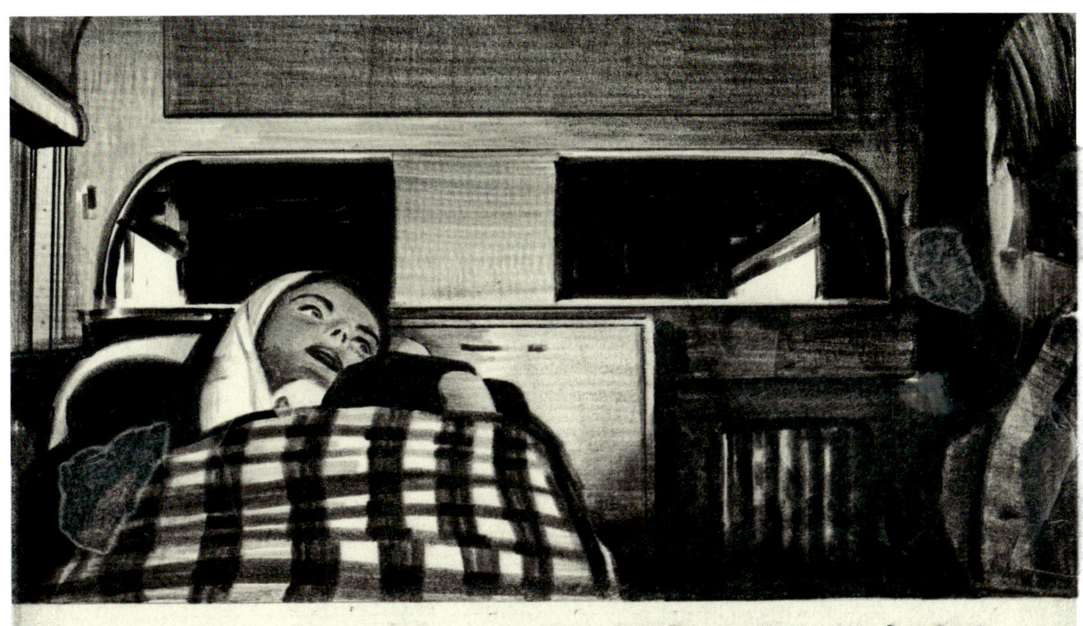

K. M. Wiegand. Life and Work
Serie von 139 Zeichnungen, 2005
Zeichnungen 19×28 cm / 28×19 cm, Nerostift, Farbstift
und Gouache auf Bütten
S. 12–19

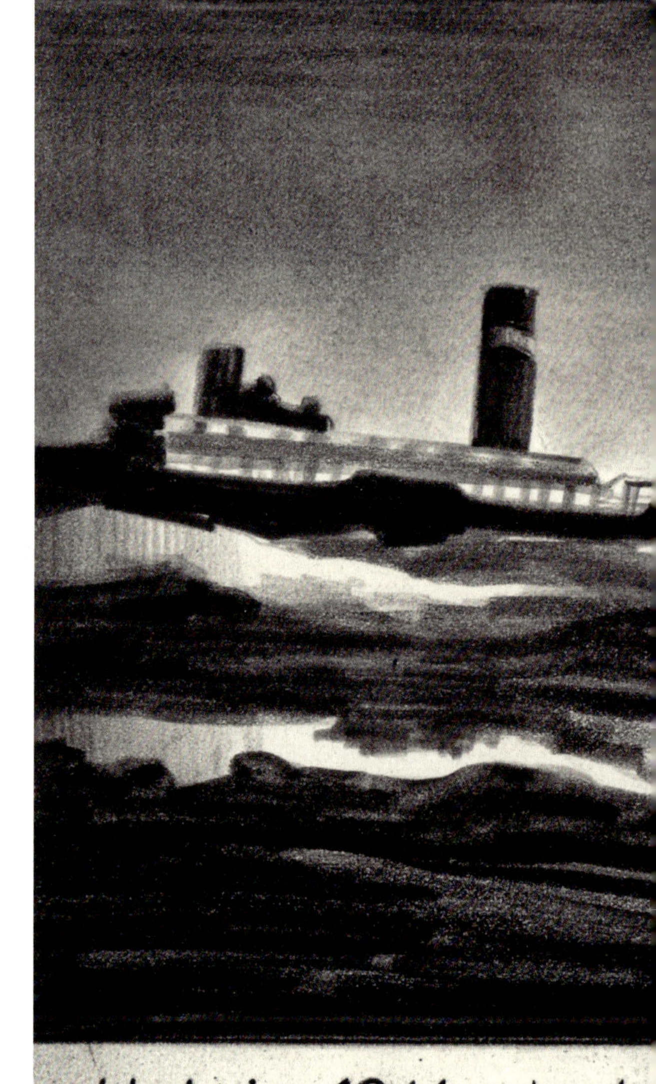

Het is 1941. Je b
van Rotterdam v

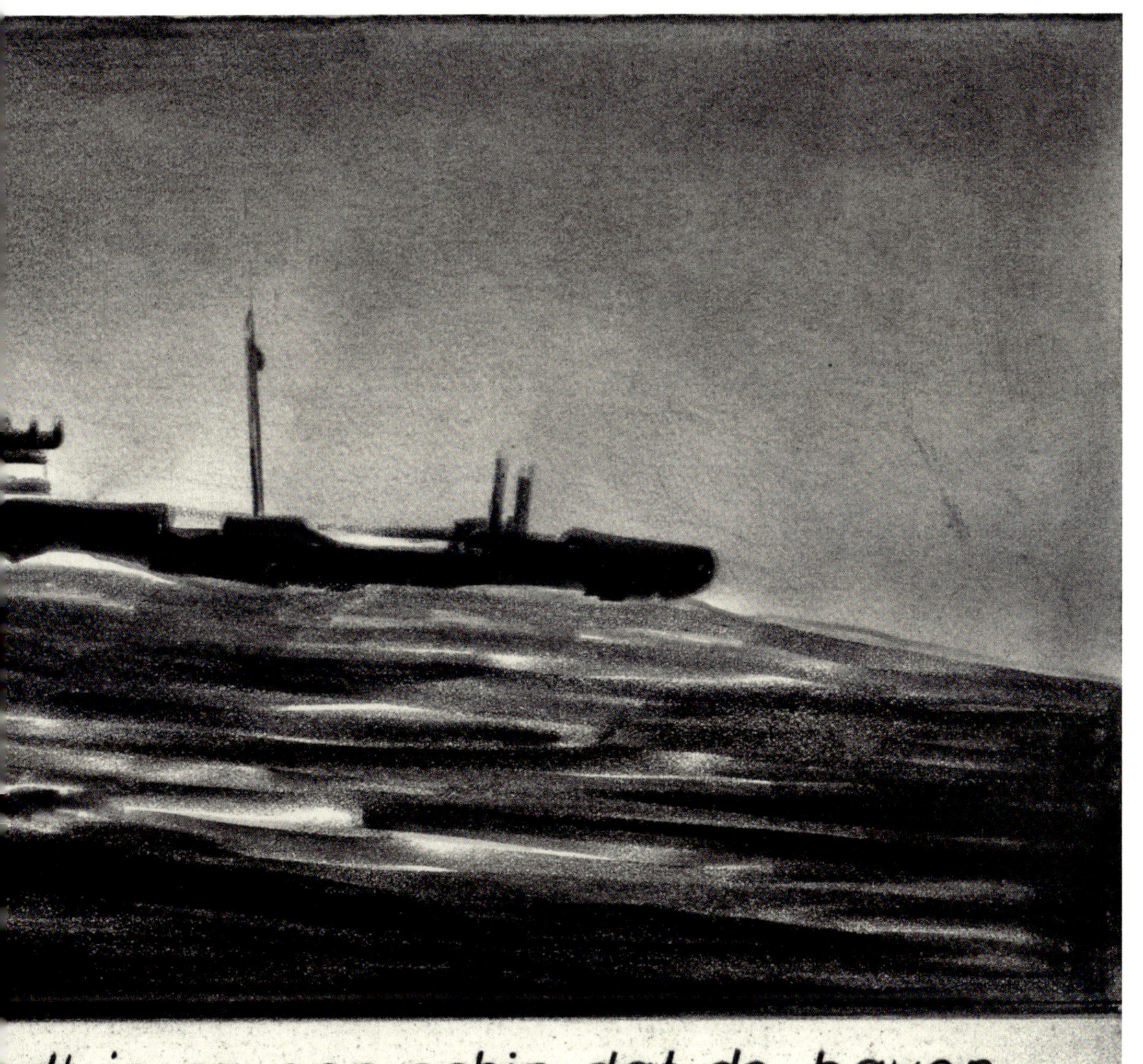

...dt je op een schip dat de haven
...ten heeft . De lucht is loodgrijs

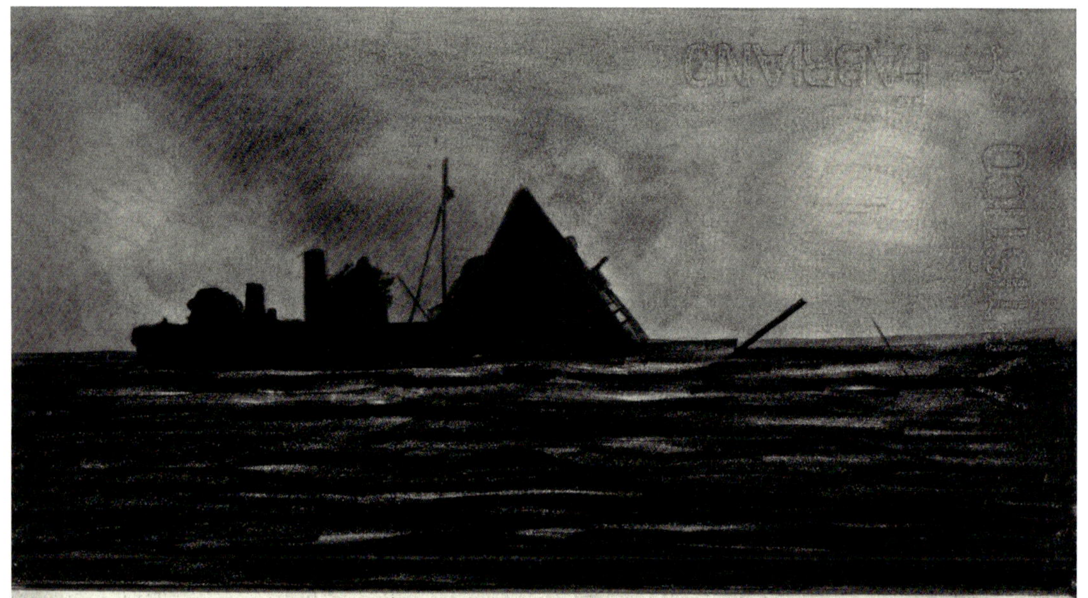

bijna zwart. Je bent bang. De reis is gevaarlijk.
Onderweg zie je voortdurend beschoten, brandende

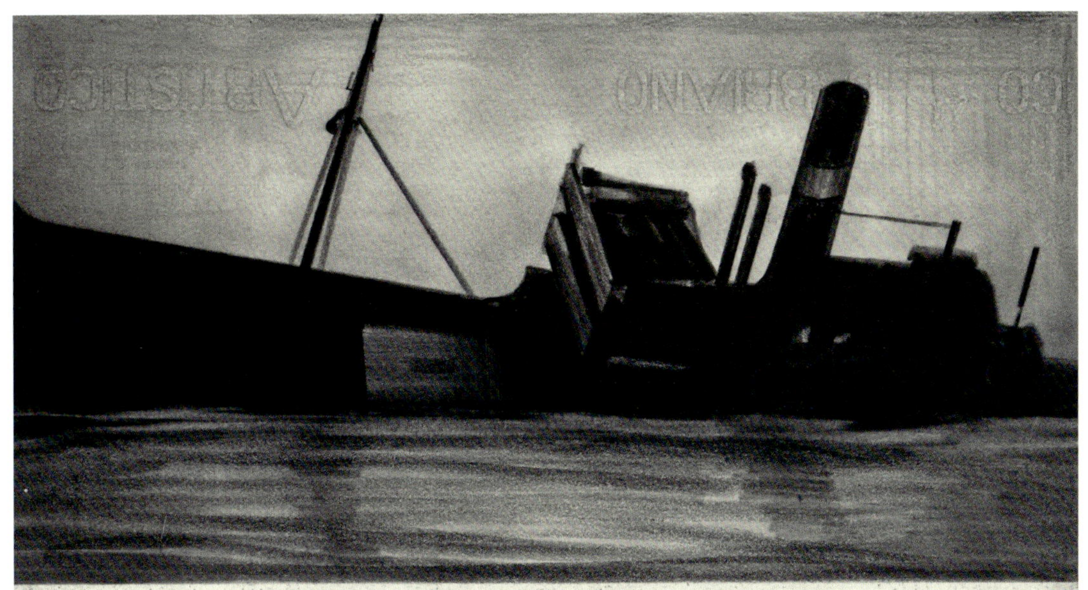

en half gezonken schepen . De instructies zijn dui-
delijk : red geen personen , neem niemand aan boord.

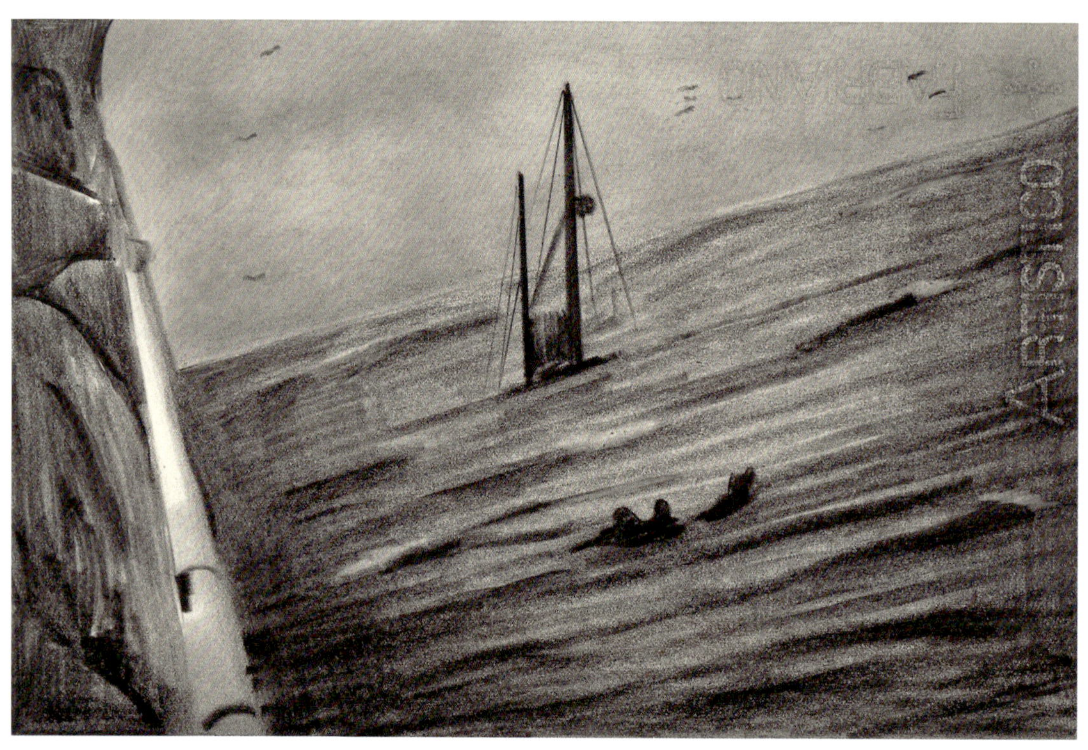

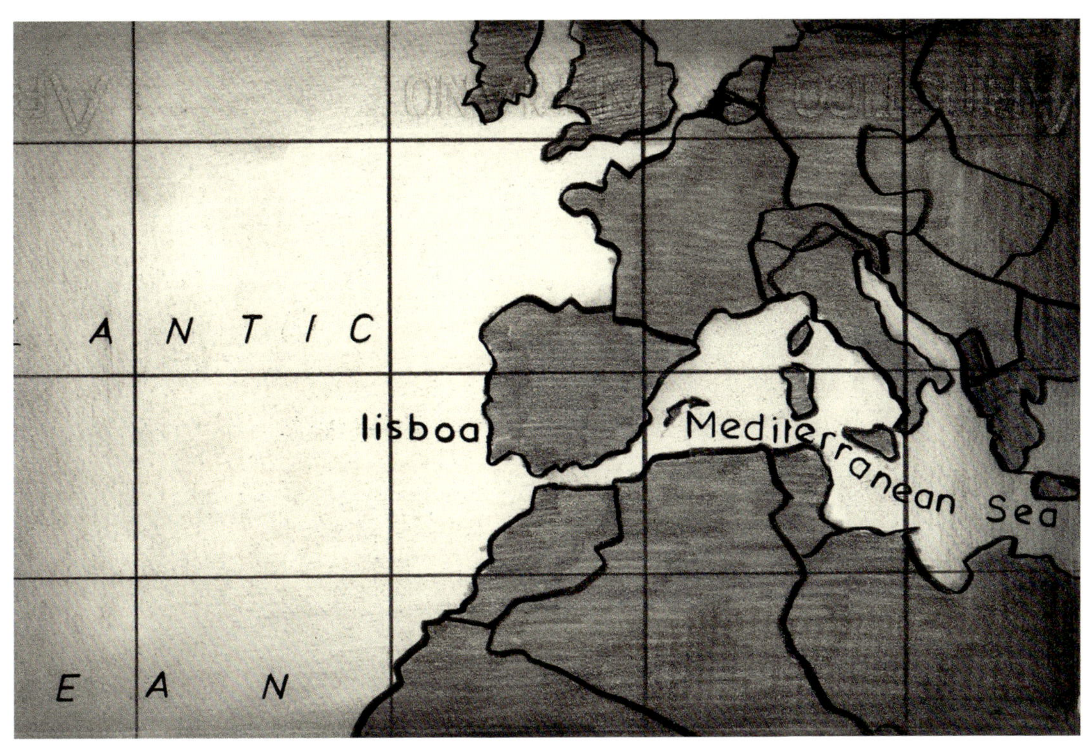

De Cornelia Maersk
Serie von 100 Zeichnungen und 1 Skulptur, 2009 / 2010
Zeichnungen je 19×28 cm, Nerostift auf Bütten
Skulptur 25×74,5×13 cm, Bronze,
schwarz partiniert, Auflage 3
S. 20 – 25

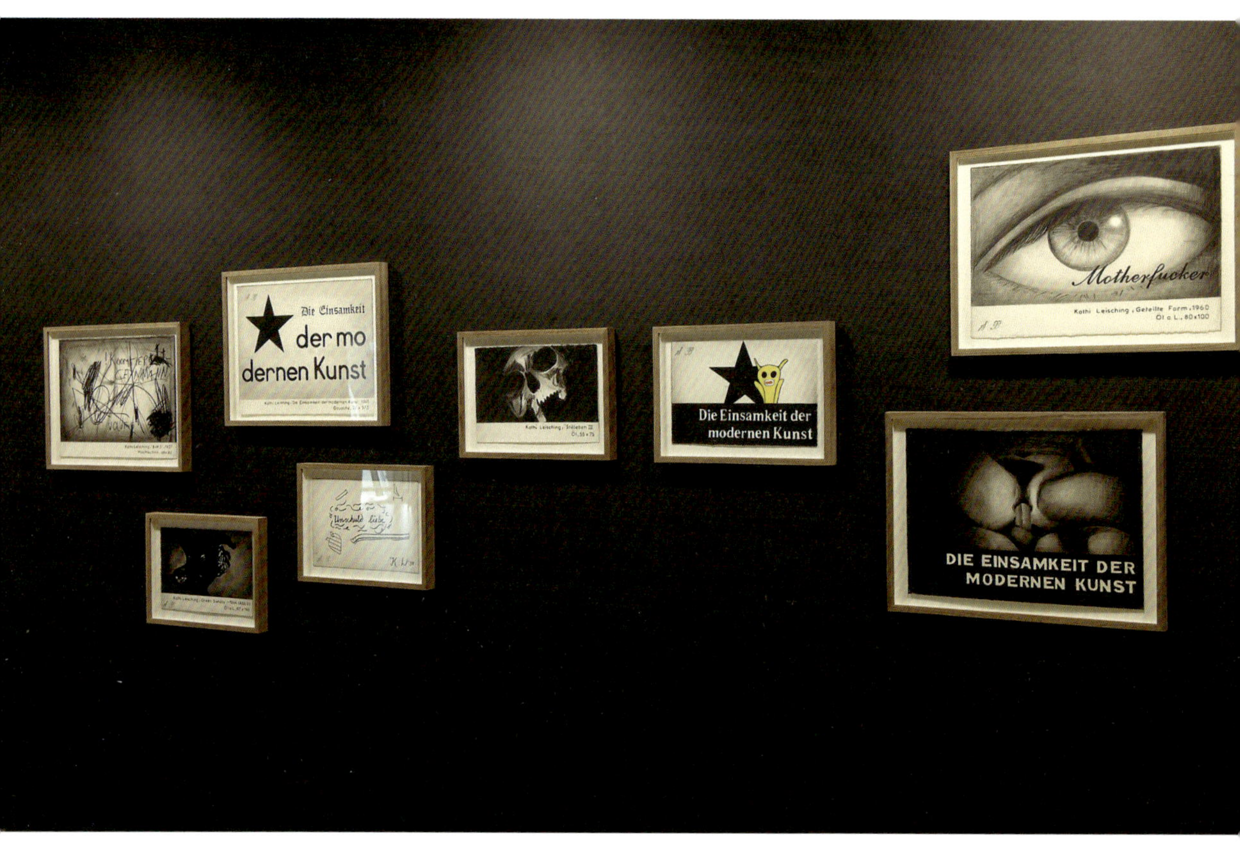

Installationsansicht: *Sammlung Boryna*, Kunsthal KAdE,
Amersfoort, 2009

Der Zeichner als Inszenator
Zu Marcel van Eedens Ausstellungspraxis

Wenn es eines Beweises bedurft hätte, dass eines der grossen Ziele der Kunst darin besteht, die Welt in ein Bild zu verwandeln, dann wäre er durch das Werk Marcel van Eedens grandios erbracht.
Nichts anderes scheint den holländischen Künstler anzutreiben als das Bedürfnis, einfach alles, was ihm vor den Zeichenstift kommt, festzuhalten und als Bild-Kosmos neu zu erschaffen.　　　*Stephan Berg* [1]

Analysen und Kommentare

Die Welt mittels Kunst neu erschaffen: Konziser als in Stephan Bergs Eingangszitat lässt sich das Wesen von Marcel van Eedens Schaffen kaum erfassen. Die Zeilen lassen zugleich einen Anspruch anklingen, der heroisch, gar anmassend wirken mag. Bei all dem scheint Marcel van Eedens Œuvre von einem Hauch des Geheimnisvollen umfangen, welcher die Kritik offensichtlich inspiriert. Das verdeutlicht ein einziger Blick auf die umfangreiche Bibliographie: Da wird der Künstler zum „konzeptuellen Zeichner" [2], sein systematischer Werkprozess – jeden Tag entsteht eine Zeichnung desselben Formats in derselben Technik – in Bezug gesetzt zum Schaffen u. a. von Klassikern der Konzeptkunst wie *On Kawara* (*1933) oder *Stanley Brown* (*1935). Ein andermal steht der „literarische Zeichner" zur Diskussion, dessen „handwerklicher" Zugang – zumindest aus modernistischer Sicht – hoffnungslos antiquiert erscheint. [3] Oder es wird die spezifische Form seiner zeichnerischen Appropriation, der Aneignung historischer Bild- und Textquellen, eingehend analysiert. [4] Doch es gibt wohl kaum einen Kommentar, der den vom Künstler selbst geprägten Begriff der „Enzyklopädie meines Todes" nicht erwähnen würde. [5] Gemeint ist das seinem zeichnerischen Universum zugrunde liegende Konzept, nur Bild- und Textmaterialien zu verwenden, die vor seiner Geburt 1965 entstanden sind – mit der Konse-

quenz, dass sich jede seiner Arbeiten nicht nur an die eigene Biographie anbindet, sondern sich darin zugleich „eine paradoxe Verknüpfung von An- und Abwesenheit" [6] manifestiert, von gleichzeitiger romantischer Personalisierung und melancholischer Ferne.

Entschieden weniger reflektiert wurde bisher über Marcel van Eedens Inszenierung der Zeichnung und insbesondere über die Frage, was passiert, wenn der Künstler seine Werke präsentiert. Stephan Berg deutet diesen Aspekt zumindest an, wenn er auf seine „Methode der strip-, block- oder rhizomartig auf den Wänden verteilten Zeichnungs- und Bilderserien" [7] verweist. Eine Analyse steht indes noch aus. Es geht dabei im Grunde um Fragen der Übersetzung von zweidimensionaler Kunst auf die Wand bzw. in den Raum, von sehr kleinformatigen Papierarbeiten in einen völlig anders dimensionierten Zusammenhang, also um Ausstellungspraxis und Inszenierung, die im Folgenden zumindest punktuell andiskutiert werden sollen. [8]

Typologie: Zeichnung im Raum

Trotz der von der Moderne befeuerten Auflösung traditioneller Gattungen galt die Handzeichnung lange als das vielleicht letzte Refugium kennerschaftlicher Kunstbetrachtung. Dieses Verständnis wandelte sich in den letzten Jahrzehnten radikal. Seit den 1970er Jahren, vor allem jedoch seit der Neubewertung der Zeichnung in den 1980/90er Jahren verbunden mit dem zeitgleichen Crossover von Disziplinen, wurde diese Veränderung als konsequente Abwendung von dem sorgsam gerahmten Meisterblatt sichtbar. Das Format begann die Grenzen des Blattgevierts zu sprengen, es entstanden eigentliche Environments bzw. Installationen mit Zeichnungen auf raumgreifenden Papierbahnen. Mehr noch war es indes die offensichtliche Tendenz zu umfassenden Zeichnungsblöcken, deren Blätter, einzeln gerahmt oder ungeschützt direkt an die Wand gepinnt, zu grossflächigen Inszenierungen kombiniert wurden.[9] Entscheidende Impulse hierzu gingen vom kalifornischen Künstler Raymond Pettibon (*1957) aus: Sein Beitrag zur documenta XI, 2002 im Turm des Fridericianums realisiert, darf als exemplarische Form heutiger Zeichnungspräsentationen gelten, vorab wegen der über alle Wände ausgreifenden, collageartigen Kombinationen unzähliger ungerahmter klein- und mittelformatiger Blätter, die in ihrer inszenatorischen Gesamtform eine extrem fragmentierte Sicht der Welt widerspiegeln. Neben diesem sogenannten Collageprinzip etablierten sich weitere Präsentationsformen, wobei sich in den letzten Jahren so etwas wie eine Typologie zeitgenössischer Ausstellungspraxis abzuzeichnen begann.

So finden sich zum Beispiel Kompositionen von einzelnen Zeichnungen auf der Wand, wie sie die Schweizer Künstlerin *Silvia Bächli* (*1956) mit einzigartiger Raffinesse konzipiert und zu feinen assoziationsreichen Bildfolgen verdichtet. Oder es werden, wie bereits angedeutet, mehrere Blätter zu umfassenden, oft systematisch gegliederten Werkblöcken zusammengefasst wie die seit den späten 1960er Jahren entstehenden Schreibzeichnungen von *Hanne Darboven* (1941-2009) oder die Arbeiten von Künstlern der nachfolgenden Generationen, so zum Beispiel von *Matt Mullican* (*1951) oder *Fernando Bryce* (*1959). Dessen „Atlas Peru" (2000/01) besteht aus insgesamt 495 Tuschpinselzeichnungen gleichen Formats, die sich ihrerseits zu einem gezeichneten Geschichtspanorama seiner Heimat ausbreiten. Solche Ansätze verbinden einen zeichnerischen Ansatz mit der konzeptuellen Idee der Sammlung, d.h. des Ordnens und Strukturierens, in Inszenierungen konsequent sichtbar gemacht als blockartige Konvolute.[10] Eine weitere Ausformulierung eines ebenso klaren Ordnungsprinzips bildet beispielsweise die serielle Hängung, die eine Linearität, eine kausale bzw. zeitliche Abfolge und damit eine Narration suggeriert wie in den frühen Tuschezeichnungen von *Ugo Rondinone* (*1963).

In dieser als vorläufig zu bezeichnenden Typologie nicht unerwähnt bleiben sollten die klassische Wandzeichnung – wie sie wiederum bei *Raymond Pettibon* sichtbar wird oder in den Notaten von *Dan Perjovschi* (*1961) – und die gezeichneten Papierbahnen, die von der Wand in den Raum auslaufen oder einen Raum vollständig umfangen, wie es *Martin Disler* (1949-96) als einer der Vertreter der Neuen Wilden Malerei zum Beispiel in seinem Monumentalwerk „Die Mauer fliesst" (1983) demonstriert hat.

Als Marcel van Eeden anfangs der 1990er Jahre als Künstler hervortritt, sind die inszenatorischen Ansätze weitgehend ausgebildet. Er bedient sich daher etablierter Präsentationsmöglichkeiten, die er jedoch konsequent aus dem eigenen Werk heraus entwickelt, zum Teil miteinander kombiniert und zugleich eigenständig interpretiert.

Von Menschen: K.M. Wiegand & Co.
An der 4. Berlin Biennale 2006 unter dem eigenwilligen Titel „Von Mäusen und Menschen" war Marcel van Eeden sinnigerweise mit seinem monumentalen Zeichnungszyklus „K.M. Wiegand – Life and Work" (2005/06) vertreten. Ausgestellt waren die 150 Zeichnungen in einem mit Fluoreszenzröhren spärlich beleuchteten Korridor einer ehemaligen Jüdischen Mädchenschule mit noch deutlich spürbarer achtzigjähriger Geschichte. Gleichermassen spiegelt sich Historie auch in der fiktiven Vita des als Botaniker belegten Karl McKay Wiegand (1873-1942). Der lange Korridor schien eine lineare Lektüre des umfangreichen Werkkomplexes nahezulegen, was gewissermassen einem klassischen Entwicklungsroman in Bildern entsprechen würde. Allein, im Ausstellungsrundgang konnte man den Raum in beide Richtungen begehen, was die Linearität der Erzählung grundsätzlich in Frage stellte, indem der Lebenslauf auch vom Ende her „lesbar" war. Zudem hingen die kleinformatigen Zeichnungen in mehreren Reihen, in zwei, meist jedoch in drei oder gar vier Ebenen übereinander, wodurch die Bildlektüre nicht nur horizontal von einem zum nächsten Bild fortschritt, sondern von einer weiteren, einer vertikalen bzw. diagonalen Leserichtung überlagert wurde, welche die erwartete narrative Konsistenz

des Lebenslaufs vollends auflöste. Überhaupt hebt eine blockartige Hängung im Grundsatz bereits jegliche eindimensionale Lektüre auf zugunsten einer vielgestalten, letztlich dem Betrachter überantworteten Re-Konstruktion. Trotz der einheitlichen Erscheinung der Bildserie – es handelt sich um identisch gerahmte Negrostift-Zeichnungen auf Papier – liess der Künstler in der Inszenierung offensichtlich allfällige Erwartungen an Abläufe und Kausalitäten bewusst ins Leere laufen und leistete damit die perfekte räumliche Inszenierung einer im Ansatz schon bruchstückhaften Lebensgeschichte, die sich auch in der Auswahl von Bildern in unzählige fragmentierte Ereignisse aufsplittert.

In der an den Film noir erinnernden, eindringlichen Bildsprache entsteht eine fiktive Biographie, die Wiegands Lebensweg vom Bodyguard und Reporter über den Dandy bis zum gefeierten Wissenschaftler und Künstler nachzeichnet, wobei die einzelnen Szenen wie angedeutet keiner inneren Logik, sondern scheinbar wahllos aufeinander folgen. So ist er nicht nur kurz mit der Filmdiva Elizabeth Taylor verheiratet, sondern nimmt als Admiral auch an kriegerischen Ereignissen der Weltgeschichte teil. Wie überhaupt die Erzählstruktur von „K.M. Wiegand – Life and Work" wesentlich geprägt ist von Auslassungen, Brüchen, Lücken und Sprüngen und in der mehrschichtigen Inszenierung eine adäquate Ausformulierung findet, die ihrerseits eine mäandernde, d.h. nichtlineare Sehbewegung befördert.
Aus dem einen, ebenso hybriden wie vielgestalten Lebenslauf heraus entwickelt Marcel van Eeden einen wahren Kosmos fiktiver biographischer Verknüpfungen und vermeintlicher privater Begegnungen des Karl McKay Wiegand mit weiteren Figuren wie Celia Copplestone, Oswald Sollmann oder Matheus Boryna, die in späteren Ausstellungen konsequent in Form von umfangreichen Werkzyklen präsentiert werden: „Die einzelnen Zeichnungen sollen nicht mehr für sich allein wirken, sondern sie verwandeln sich zu Partikeln einer Rauminstallation, in der die Wände gestaltet und ganze Ausstellungsräume dreidimensional nachgebaut werden." [11]

Eines dieser zufälligen Zusammentreffen galt dem Psychiater Matheus Boryna, dem Marcel van Eeden einen weiteren Zyklus widmete, ausgestellt erstmals 2009 an der ART Unlimited in Basel und anschliessend in der Kunsthal Amersfoort. Die Figur basiert auf dem deutschen Psychiater *Hans Prinzhorn* (1886-1933), der sich in den 1920er Jahren eine bedeutende Sammlung sogenannter Outsider-Kunst anlegte. „Die Einsamkeit der modernen Kunst" taucht als wiederkehrendes Textelement in unterschiedlichsten historischen Typographien auf zahlreichen Blättern der 60-teiligen Serie „Sammlung Boryna" (2009) auf. Die einzelnen Szenen indes wechseln wiederum scheinbar wahllos zwischen traditionellen Landschaftsmotiven, comicartigen Bildausschnitten, erotischen Darstellungen, Alltagsgegenständen und modernistischen Bildfindungen. Dieselbe Diskontinuität im Motivischen reflektiert auch die Hängung der Bildserie – in Basel wie in Amersfoort.

Dennoch gibt der in einer Kombination von weissen Zierbuchstaben und nüchterner Werbetypographie auf die Wand gesetzte Titel „S B / Sammlung Boryna" den Beginn einer Lektüre vor, die vorerst als lineare Serie weitergeführt wird, sich im weiteren Verlauf aber rhizomartig auflöst. Die Narration, sofern überhaupt angedacht, scheint permanent neu anzusetzen, genauso wie die raffinierte Inszenierung auf der Wand sich im freien Wechsel von Einzelblättern, seriellen Bildfolgen, kleinen Zeichnungsblöcken und freien Kompositionen einzelner Blätter in alle Richtungen ausformuliert. Die in den Zeichnungen stets präsente Film noir-Ästhetik wird durch die durchgehend schwarze Bemalung der Galeriewände noch verstärkt, was nicht nur die Aufmerksamkeit auf die Papierarbeiten konzentriert, sondern auch die Atmosphäre des Raumes entscheidend mitprägt und damit bereits vor dem Einstieg ins Werk den eher düsteren Grundton der Bildlektüre vorgibt.

Inszenatorisch noch einen Schritt weiter gegangen ist Marcel van Eeden bei der Ausstellung 2009 in der Kunsthalle Hamburg. Wiederum verwendete er einen schwarzen Grund für die Hängung seines Bilderzyklus „The Zurich Trial. Part 1: Witness for the Prosecution" (2008/09).

Dieser wurde zum Teil zu strengen Blöcken, zum Teil in freien Bildfolgen kombiniert. Zusätzlich jedoch schuf er als „Hintergrund" für einzelne Blätter bzw. Folgen neben den monochromen schwarzen Bemalungen eigentliche Wandbilder – und zwar in plakativem Schwarz auf Weiss. So unterlegte er eine der Sequenzen mit einem monumentalen Bildzeichen, das an die Gesten des amerikanischen Künstlers Franz Kline (1910-1962)) erinnert, in einem andern Fall ergänzte er die lose Zeichnungsreihe mit dem Schriftzug „Chocolat", wobei die Buchstaben wie Schokolade zu zerfliessen drohten, oder eine locker verteilte Werkgruppe legte er über eine popartige Figur, der das Wort „Maniac" entspringt. Wie bei seinen Zeichnungen referieren auch die graphischen Formen seiner Inszenierung auf historische Quellen, in diesem Falle den abstrakten Expressionismus der 1950er Jahre oder die Pop-Ästhetik der frühen 1960er Jahre, wobei letztere durch die Verwendung von Schwarz/Weiss eigentümlich düster wirkt, als hätte sich Pop Art mit Film noir versöhnt. Auch hier überlagerte eine inszenatorische Ebene die eigentliche Bilderzählung bzw. erweiterte die Bildlektüre um eine zusätzliche inhaltliche Dimension, welche die geradezu kriminalistische Bildserie „The Zurich Trial" konterkariert: „Die Präsentation der Serie gestaltet van Eeden in besonderer Form mit: Er schafft großformatige Wandzeichnungen, die den auszustellenden Zeichnungen als Hintergrund dienen und das übliche Konzept der Hängung gleichzeitig aufbrechen."[12]

Bilderatlas

Konsequent formalisiert Marcel van Eeden seine zeichnerischen Recherchen, genauso konsequent überträgt er seine eigenwillige Strategie im Umgang mit historischen Bild- und Textquellen von der einzelnen kleinformatigen Zeichnung in den räumlichen Zusammenhang. Im Grunde folgt seine inszenatorische Praxis ebenfalls einem appropriativen Vorgehen, indem der Künstler sich nämlich weitgehend etablierter Präsentationsmöglichkeiten bedient, diese variiert, kombiniert und neu interpretiert. Dabei versteht er es wie wenige, sich die präzise Inszenierung seiner Werkzyklen zur inhaltlichen Schärfung genauso zunutze zu

machen wie zur atmosphärischen Verdichtung. Und so erschafft er sich in jeder seiner raumgreifenden Inszenierungen eine unverkennbare Bildwelt, in die man als Betrachter gleichsam wie in eine Geschichte physisch eintauchen kann. Mehr noch, er präsentiert uns einen meist ausufernden Bilderatlas, in dem sich die Lektüre im labyrinthischen Gesamtzusammenhang, in den Brüchen und Auslassungen permanent zu verlieren droht. Die Welt mittels Kunst neu zu erschaffen heisst für Marcel van Eeden seine Bildwelt raumgreifend zu inszenieren und den Besucher gewissermassen ganz zu umfangen – atmosphärisch wie physisch. Der heroische Anspruch des Werks wird dem Betrachter dadurch ebenso zur intellektuellen Herausforderung wie zur visuellen Überwältigung.

Konrad Bitterli

1   Stephan Berg, „In 5000 Bildern um die Welt. Die Reisen des Marcel Sollmann", in: Michael Zink, Hrsg., Marcel van Eeden. Zeichnungen und Malerei 1992-2009, Köln: dumont, 2009, S. 20.
2   Harry Lehmann, „To Be Or Not To Be: That Is The Question. Der Bilderkosmos Marcel van Eedens", in: wie (1), S. 46.
3   Cornel Bierens, „Kurz die Zeit anhalten", in: Marcel van Eeden. Tekeningen, zeichnungen, drawings, dibujos 1993-2003, Nürnberg: Verlag für moderne Kunst, 2003, S. 20.
4   Roel Arkestejin, „Sublime Stille", in: wie (3), S. 17-20.
5   Gegenüber dem Autor hat der Künstler darauf hingewiesen, dass er diesen Begriff inzwischen bedauere, da er in der Diskussion um sein Schaffen immer herbeigezogen werde und diese allzu sehr bestimme. Gespräch mit dem Künstler, September 2010.
6   wie (1), S. 21.
7   wie (1), S. 26.
8   Es fällt auf, wie häufig Marcel van Eeden in seinen Zeichnungsserien sich mit Kunst, im besondern auch mit dem Ausstellen von Kunst beschäftigt, so zum Beispiel in „Stangl" (2005) oder „Sammlung Boryna" (2009).
9   Vergleichbare Entwicklungen waren im übrigen zeitgleich auch im Bereich der Fotografie zu beobachten: weg von der klassischen Fotografie hin zu Fotoblöcken und zu den bildmässigen Blow-up-Formaten oder raumgreifenden Installationen mit fotografischen Materialien.
10 Vgl. dazu Konrad Bitterli, Hrsg., Global World / Private Universe, Kunstmuseum St.Gallen, 2004.
11 Siehe (2), S. 70.
12 „Marcel van Eeden. The Zurich Trial. Part 1: Witness for the Prosecution", Medienmitteilung auf http://www.hamburgerkunsthalle. de/start/start.html

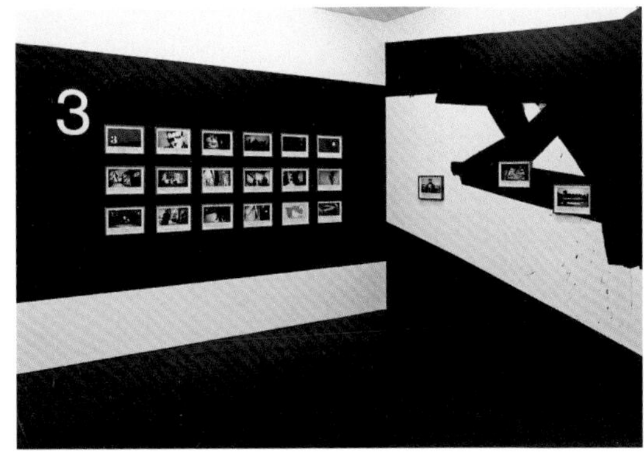

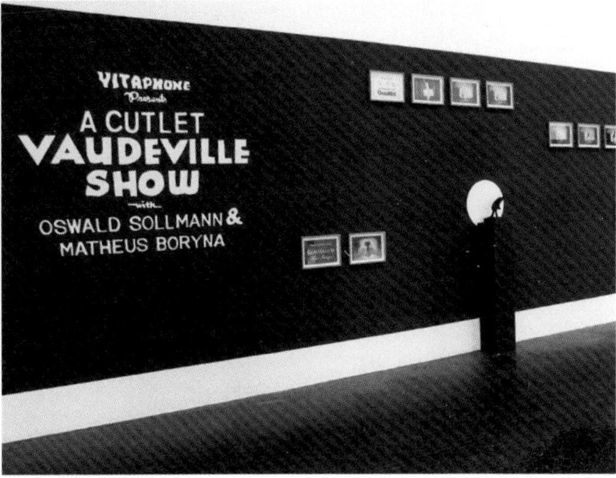

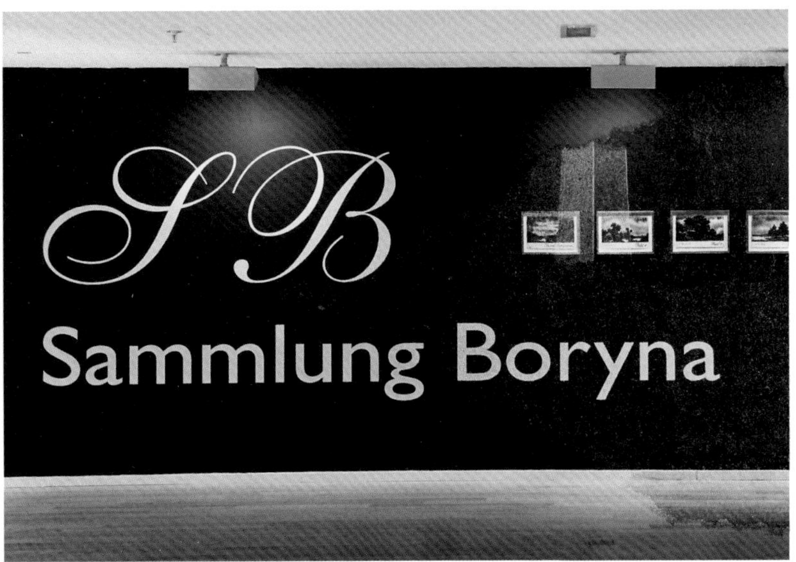

Installationsansichten von oben nach unten:
The Zurich Trial, Part, 1: Witness for the prosecution,
Hamburger Kunsthalle, 2009
A Cutlet Vaudeville Show, Galerie Bob van Orsouw,
Zurich, 2010
Sammlung Boryna, Kunsthal KAdE,
Amersfoort, 2009

The draughtsman as stage director
On Marcel van Eeden's exhibition practice

If any proof were needed that one of art's great goals is to transform the world into a picture, then Marcel van Eeden's oeuvre would provide it grandly. Nothing seems to drive the the Dutch artist but the desire to capture and create anew as a pictorial universe simply everything that comes within range of his drawing implement. Stephan Berg[1]

Analyses and comments

To recreate the world by means of art: the essence of Marcel van Eeden's œuvre can hardly be captured more concisely than in the above quote by Stephan Berg. Equally, those lines evoke a claim which may seem heroic, even presumptuous. In all this, Marcel van Eeden's body of work seems to be shrouded in mystery which evidently inspires criticism of it. Even a cursory glance at the extensive bibliography reveals that much: In some cases he is touted as a "conceptual draughtsman"[2]; his systematic practice – every day he makes a drawing using the same format and technique – is being related to seminal conceptual artists such as *On Kawara* (b. 1933) or *Stanley Brown* (b. 1935). In another case he is discussed in terms of being a "literary draughtsman" whose "workmanlike approach" – at least from a Modernist perspective – appears hopelessly outdated.[3] At other times, the specific form of his appropriation technique in drawing is discussed in detail, his lifting of historical image and text sources.[4] Yet there is hardly a review that does not mention the phrase, coined by the artists himself, of the "encyclopaedia of my death".[5] What is referred to here is the concept underlying his artistic universe, namely to use only such images and texts as basic material which originate from before his birth in 1965 – hence linking each work to his own biography while at the same time manifesting "a paradoxical connection between presence and absence"[6], of simultaneous romantic personalisation and melancholy distance.

There is decidedly less reflection on Marcel van Eeden's staging of drawing and in particular the question what happens when the artist presents his works to the public. Stephan Berg at least hints at this aspect when he refers to the artist's method of strip-, block- or rhizome-like distribution of drawings and series of images across walls[7]. An in-depth analysis still remains to be undertaken. Basically, this is about the translation of two-dimensional art onto the wall or into space, respectively, of works on paper on a very small scale into a context of completely different dimensions. That is, in what follows we will be talking, at least in rough sketches, about exhibition practices, the issues of presentation, staging.[8]

Typology: drawing in space

Despite the dissolution of traditional genres, fuelled by Modernism, freehand drawing was long considered perhaps the last bastion of purist connoisseurship in the arts. This interpretation has undergone radical change in recent decades. Since the 1970s, but mostly since the re-evaluation of drawing in the 1980s and 90s, and coupled with the contemporaneous crossover between disciplines, this change became palpable as the consistent vanquishing of the carefully framed master-sheet. Formats began to blow away the borders of the page's fourfold. Environments and installations of drawings were developed on paper webs extending into space. More than this even, it was the evident tendency towards comprehensive blocks of drawings whose pages, framed individually or nakedly pinned to the wall, were combined into extensive stagings.[9] A decisive impulse in this process was provided by the Californian artist *Raymond Pettibon* (b. 1957): his contribution to *documenta XI,* 2002, realised within the tower of the Fridericianum, may certainly be considered as the generic form of contemporary presentation of drawing. Most of all because of its collage-like combination, across all the walls, of countless small and medium-sized sheets which reflect an extremely fragmented view of the world by their overall directorial form. Apart from this so-called collage-principle, however, other forms of presentation were established, outlining a kind of typology of contemporary exhibition practice over the last few years.

Thus, for example, we find compositions of individual drawings on a wall – such as those conceived by the Swiss artist *Silvia Bächli* (b. 1956) with unique sophistication and condensed into subtle series of images rich in association. Or, as mentioned before, we see several sheets combined into comprehensive, sometimes systematic ensembles of work – such as the written drawings *Hanne Darboven* (1941-2009) has produced since the late 1960s as well as works by subsequent generations of artists like *Matt Mullican* (b. 1951) and *Fernando Bryce* (b. 1959). The latter's "Atlas Peru" (2000/01) consists of 495 brush and ink drawings of the same format which unfurl into a drawn panorama of his country's history. Such positions combine a draughtsman's approach with the conceptual idea of a collection, that is of ordering and structuring rendered visible as block-like convolutes in a mis-en-scène.[10] A further spelling out of a equally clear principle of ordering is provided by serial hanging. It suggests a linearity and temporal as well as causal sequence and hence a narrative – such as in the early ink drawings of *Ugo Rondinone* (b. 1963).

In this preliminary typology, mention needs to made of the classical mural drawings – as it appears again with *Raymond Pettibon* or in the notations of *Dan Perjovschi* (b. 1961) – as well as of the drawings on paper webs which stretch from the wall into space or envelope a room completely - such as *Martin Disler* (1949-96), a proponent of Neoexpressionist painting, has demonstrated in his monumental work "Die Mauer fliesst" (The wall flows; 1983).

When Marcel van Eeden emerged on the art scene at the beginning of the 1990s, these approaches to staging drawings had been developed, by and large, to their present extent. He thus avails himself of established modes of presentation which he nevertheless consistently generates from his own works, sometimes combining them while at the same time supplying his own independent reading of them.

Of people: K. M. Wiegand & Co.
The 4th Berlin Biennale in 2006 under the peculiar title „Von Mäusen und Menschen" (Of mice and men) featured Marcel van Eeden and his aptly monumental cycle of drawings entitled "K.M. Wiegand – Life and Work" (2005/06). The 150 drawings were exhibited in a corridor, dimly lit by fluorescent tubes, of a former Jewish girls school with its 80-year history still conspicuously palpable. In equal measure, history is reflected in the fictitious biography of confirmed botanist Karl McKay Wiegand (1873-1942). The long corridor seemed to suggest a linear reading of the voluminous body of work, corresponding, after a fashion, to a classical novel charting the development of its protagonist, albeit in pictures. However, since it was possible to pass through the exhibition from two directions, this fundamentally put the linear nature of the narrative in doubt by enabling a "back to front"

reading of the curriculum vitae. Moreover, the small sized drawings were hung in three or even four rows one above the other, making the reading process not only a horizontal and successive one but also creating an overlay of vertical or even diagonal readings which completely undermined the expected narrative consistency of a biography. Generally, hanging drawings in rows above one another in principle repeals any one-dimensional reading in favour of a polymorphous reconstruction which is ultimately the sole responsibility of the viewer. In spite of the uniform appearance of the image-series - it comprises identically framed drawings in pitt oil-based pencil on paper -, the artist obviously quite intentionally disappointed general expectations concerning processes and causal relations with the manner in which he staged the work. Consequently he achieved the perfect spatial setting of an inherently fragmented biography which is equally splintered by the selection of images into countless incoherent events.

The imagery recalls film noir in its poignancy and evokes a fictitious biography that traces Wiegand's life from bodyguard and reporter through the dandy to the celebrated scientist and artist. In the course of this, the individual scenes do not follow an internal logic but apparently succeed one another haphazardly. Thus he is not only briefly married to the film diva Elizabeth Taylor but also plays the role of an admiral in various events of world history. The narrative structure of „K.M. Wiegand – Life and Work" in general is essentially informed by omissions, disruptions, gaps and inconsistencies. It finds an adequate formu-lation in the complex staging which in turn fosters a meandering, non-linear act of seeing.

From a biography which is as hybrid as it is polymorphous Marcel van Eeden develops a veritable universe of fictitious biographical links and putatively private encounters between Karl McKay Wiegand and other figures such as Celia Copplestone, Oswald Sollmann and Matheus Boryna who are, in turn, presented in com-prehensive cycles in subsequent exhibitions: "The individual drawings are no longer intended to have an effect by themselves, but are transformed into particles of a room installation in which the walls are part of the design and entire exhibition rooms are restored in three dimensions." [11]

One of these random encounters involved the psychiatrist Matheus Boryna, to whom Marcel van Eeden dedicated another cycle, which was exhibited for the first time at ART Unlimited in Basle in 2009 and later at the Dutch Kunsthal Amersfoort. The figure is based on the German psychiatrist Hans Prinzhorn (1886-1933) who gathered together a renowned collection of so-called outsider art in the 1920s. "Die Ein-samkeit der modernen Kunst" (the loneliness of modern art) emerges as a recurring textual element in various historical typographies on several of the sheets among the 60-piece series "Sammlung Boryna" (Boryna Collection; 2009). The particular scenes, however, alter-nate apparently randomly between traditional landscape motifs, comic-strip-inspired frames, erotic scenes, everyday objects und Modernist images trouvés. The same discontinuity in motif was reflected in the hanging of the series, in Basle as well as in Amersfoort.

Nonetheless, the title „S B / Sammlung Boryna", set on the wall in a combination of white ornamental letters and sober advertising typography, prescribes the starting point of a reading which is initially carried on as a linear series but which, over the course of the series, dissolves itself in a rhizome-type manner. As far as the narration is conceived of at all, it seems to start over again permanently, just like the sophisticated mis-en-scène on the wall formulates itself in every direction as an un-restricted exchange of individual sheets, serial image sequences, small blocks of drawings and free compositions of particular sheets.

The film noir sensibility that is constantly present in the drawings is further enhanced by the gallery walls which are consistently painted black. This does not only focus the attention on the drawings but also helps shape the atmosphere of the room and thus sets the rather sombre tone of reading the pictures from the very outset, even before the viewer gets to the images themselves.

Speaking from the perspective of stage direction and design, Marcel van Eeden has gone even further in the exhibition at Kunsthalle Hamburg of 2009. Again he used a black ground for the hanging of his cycle "The Zurich Trial. Part 1: Witness for the Prosecution" (2008/09). The works are partly combined into rigid blocks and partly in free image sequences. In addition, however, he created, by way of a „background" for particular sheets or series respectively, striking black and white murals next to the parts of the wall that were simply painted black. Thus he underlayed one of the sequences with a monumental pictorial sign that recalls the gestures by the American artist *Franz Kline* (1910-1962). In another instance he supplemented a loose series of drawings with the lettering "Chocolat" – where the letters seemed to run like melting chocolate. Also, he dispersed another loose group of work across a Pop-like figure which spouts the word "Maniac". Graphic forms refer both in his drawings as well as in the mis-en-scène to historical sources, in the cases mentioned to the Abstract Expressionism of the 1950s and the Pop aesthetics of the 1960s. The latter acquires a peculiarly sombre note through the use of black and white – as if Pop Art had reconciled itself to film noir. Here, too, a directorial level acts as an overlay to the actual story of the pictures. Or rather, the reading of the images is expanded by an additional dimension of content which almost runs counter to the elements of crime fiction in "The Zurich Trial": "The presentation of the series is co-produced by van Eeden in a peculiar form: he creates large scale mural drawings that provide background to the drawings on display and at the same time break up the usual concept of hanging." [12]

Image atlas

Marcel van Eeden consistently formalises his investigations by drawing. With equal consistency he transfers his peculiar strategy in dealing with historical image and text materials from the particular, small scale drawing into the spatial context. Basically, his artistic practice follows a procedure of appropriation, namely when the artist avails himself of largely established modes of presentation, varies them, combines them and lends new interpretations to them. Van Eeden has few peers employing the precise staging of his cycles of works for the benefit of sharpening the contents and condensing the atmosphere surrounding them. In this way he creates, in each of his expanding productions, a world of images that carries his signature and which invites the viewer to submerge herself almost physically. Moreover, he presents us with an escalating image atlas in which reading seems in constant danger of losing itself in an overarching, labyrinthine context as much as in the fissures and omissions. To recreate the world by artistic means for Marcel van Eeden is to stage his world of drawings so that it expands into space and encompasses the viewer completely, as it were – both atmospherically and physically. The heroic claim of the œuvre provides the viewer with both an intellectual challenge and a visually overpowering experience.

Konrad Bitterli

1   Stephan Berg, "Around the World in 5'000 Pictures. The Journeys of Marcel Sollmann", in: Michael Zink (ed.), Marcel van Eeden. Zeichnungen und Malerei 1992-2009, Cologne: DuMont, 2009, p. 21.
2   Harry Lehmann, "To Be Or Not To Be: That Is The Question. Marcel van Eeden's Picture Universe", in: Zink 2009, see note (1), p. 47.
3   Cornel Bierens, "Stopping the Clock", in: Marcel van Eeden. Tekeningen, zeichnungen, drawings, dibujos 1993-2003, Nuremberg: Verlag für moderne Kunst, 2003, p. 30.
4   Roel Arkestjin, "A Sublime Stillness", in: see note (3), p. 27-29.
5   The artist has noted in conversation with the author in September, 2010 that he has come to regret this concept because it is dragged into the discussion of his work time and again and hence has come to overly dominate it.
6   Berg, see note (1), p. 21.
7   Berg, see note (1), p. 27.
8   It is striking how often Marcel van Eeden addresses art and in particular the display of art in his series of drawings – e.g. in "Stangl" (2005) and "Sammlung Boryna" (2009).
9   Analogous developments could be observed, moreover, in photography: a tendency away from classical photography towards block ensembles of photographs and pictorial blow-up formats and even installation with photographic materials that expand into space.
10 Cf. Konrad Bitterli (ed.), Global World / Private Universe, Kunstmuseum St.Gallen, 2004.
11 see (2), p. 70.
12 "Marcel van Eeden. The Zurich Trial. Part 1: Witness for the Prosecution", Medienmitteilung auf http://www.hamburger-kunsthalle.de/start/start.html (October 2010)

A
VA
S
OSWA
MAT

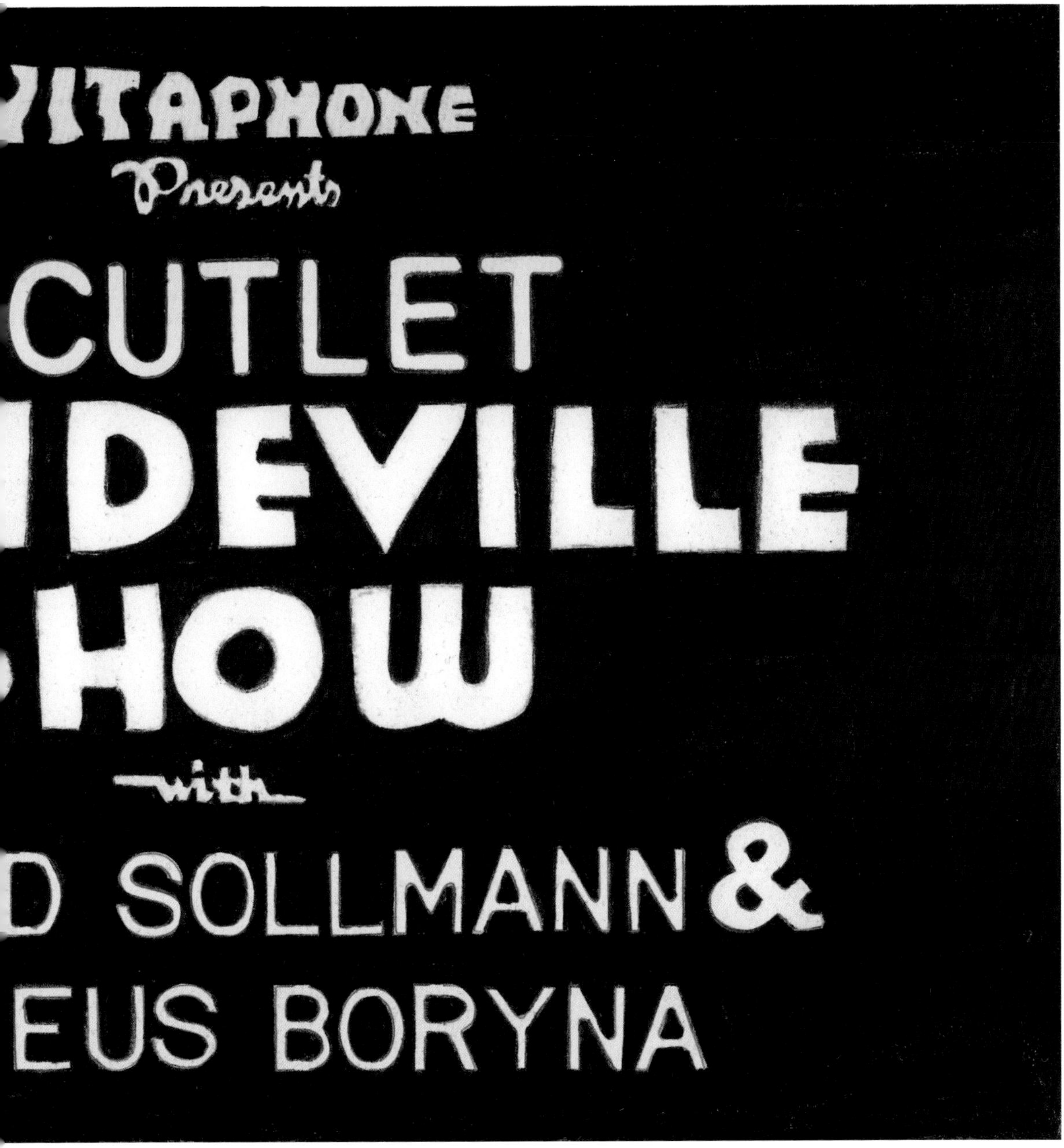

VITAPHONE
Presents

CUTLET
IDEVILLE
HOW
with

D SOLLMANN &

EUS BORYNA

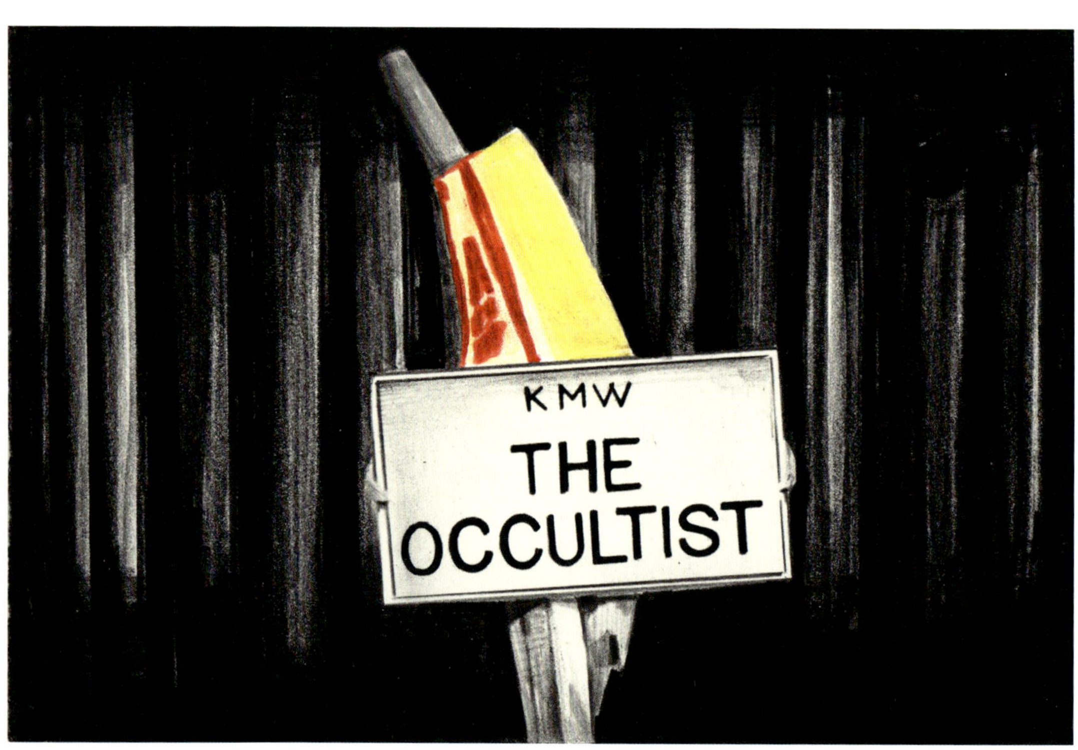

KMW
THE
OCCULTIST

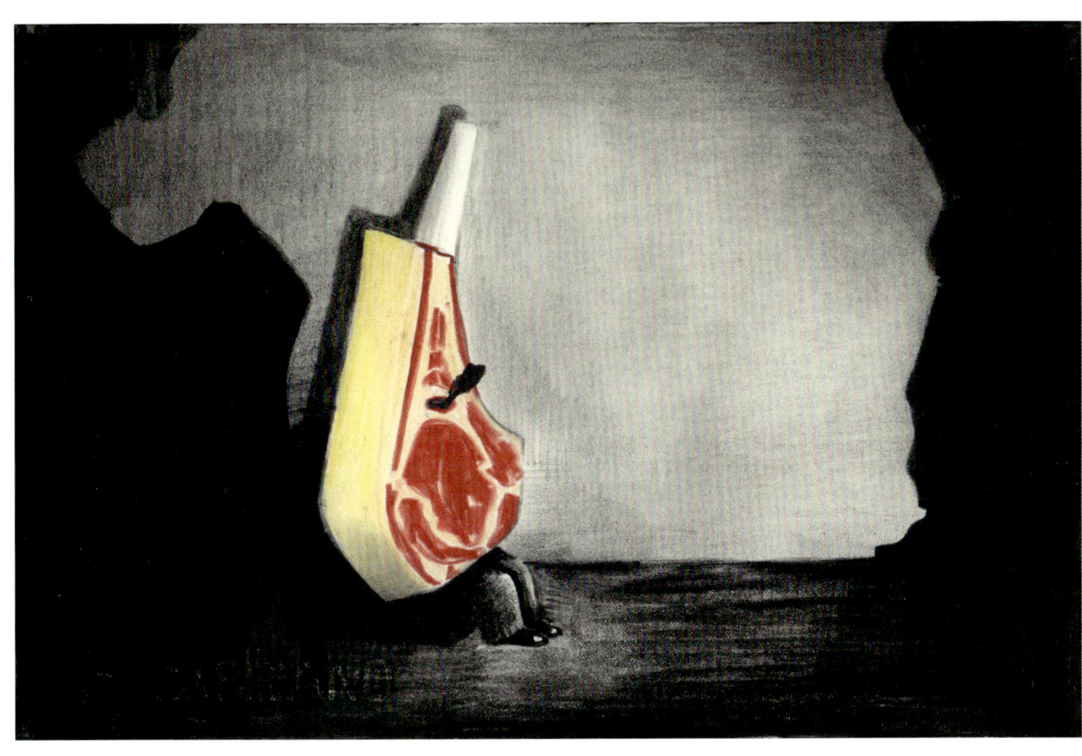

TERPSICHORE MEETS SYNCOPATION

Matheus Boryna
AS THE
Dancing Cutlet

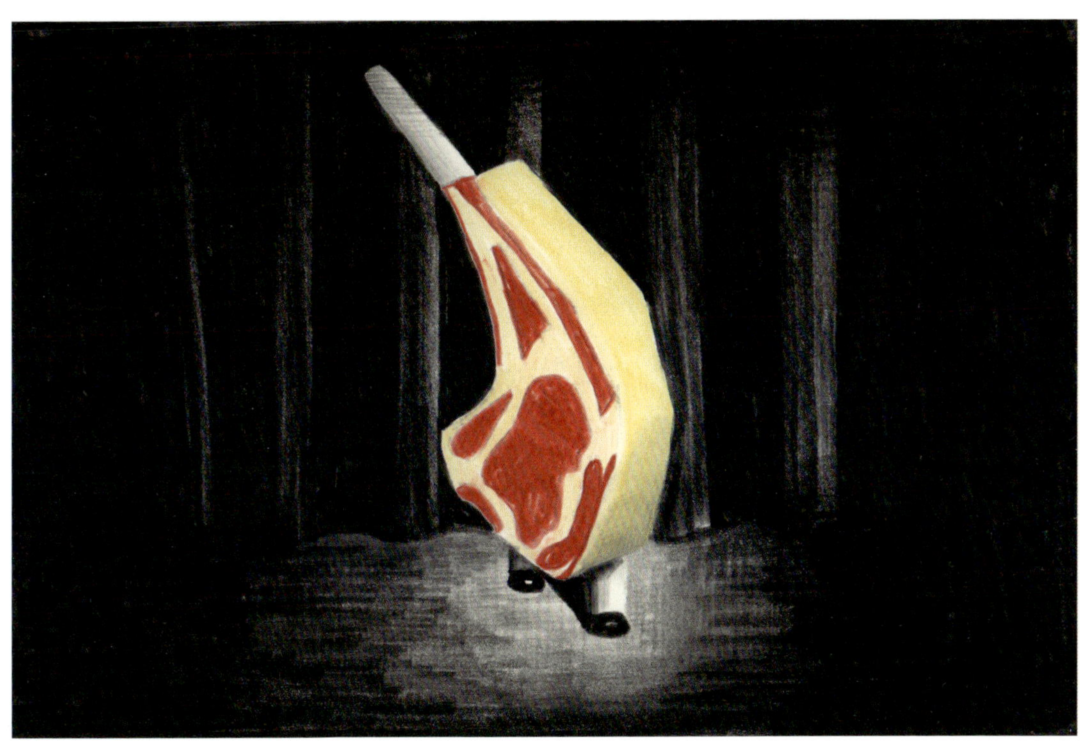

A Cutlet Vaudeville Show
Serie von 25 Zeichnungen, 1 Skulptur
und 1 Video, 2010
Zeichnungen je 19×28 cm, Nerostift und Farbstift
auf Bütten, Skulptur 20×17×12 cm, Auflage 3,
Bronze, schwarz patiniert,
Video ca. 9 min
S. 36–41

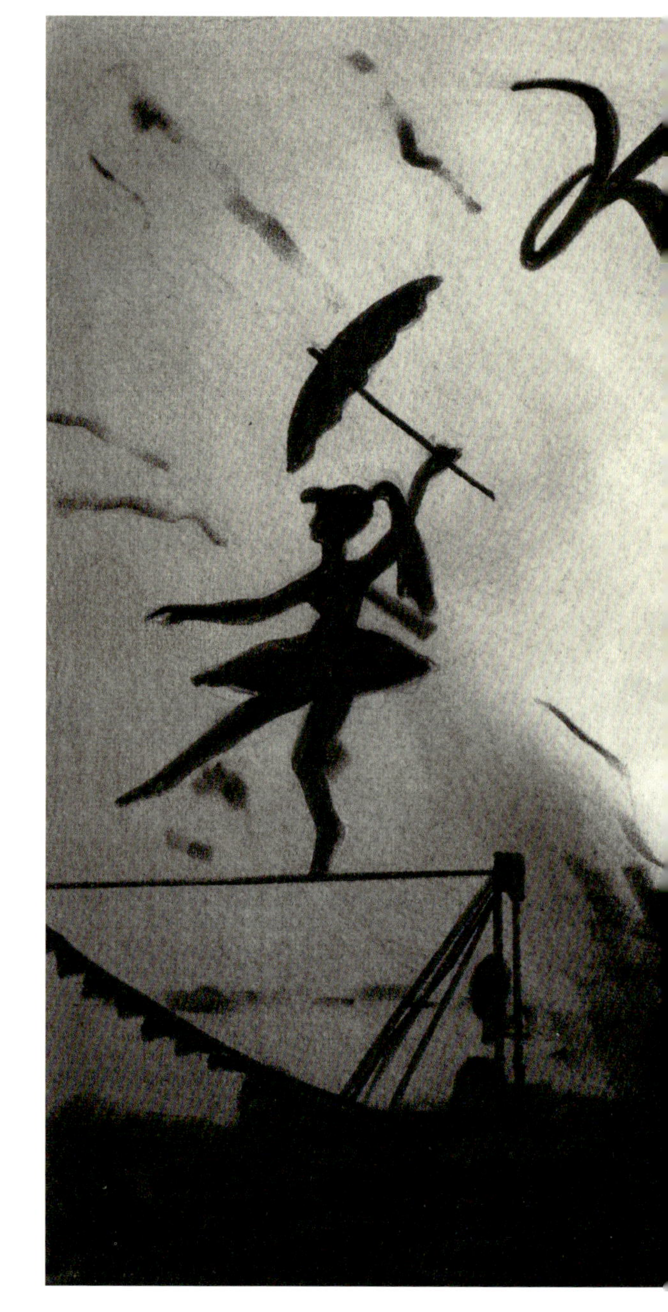

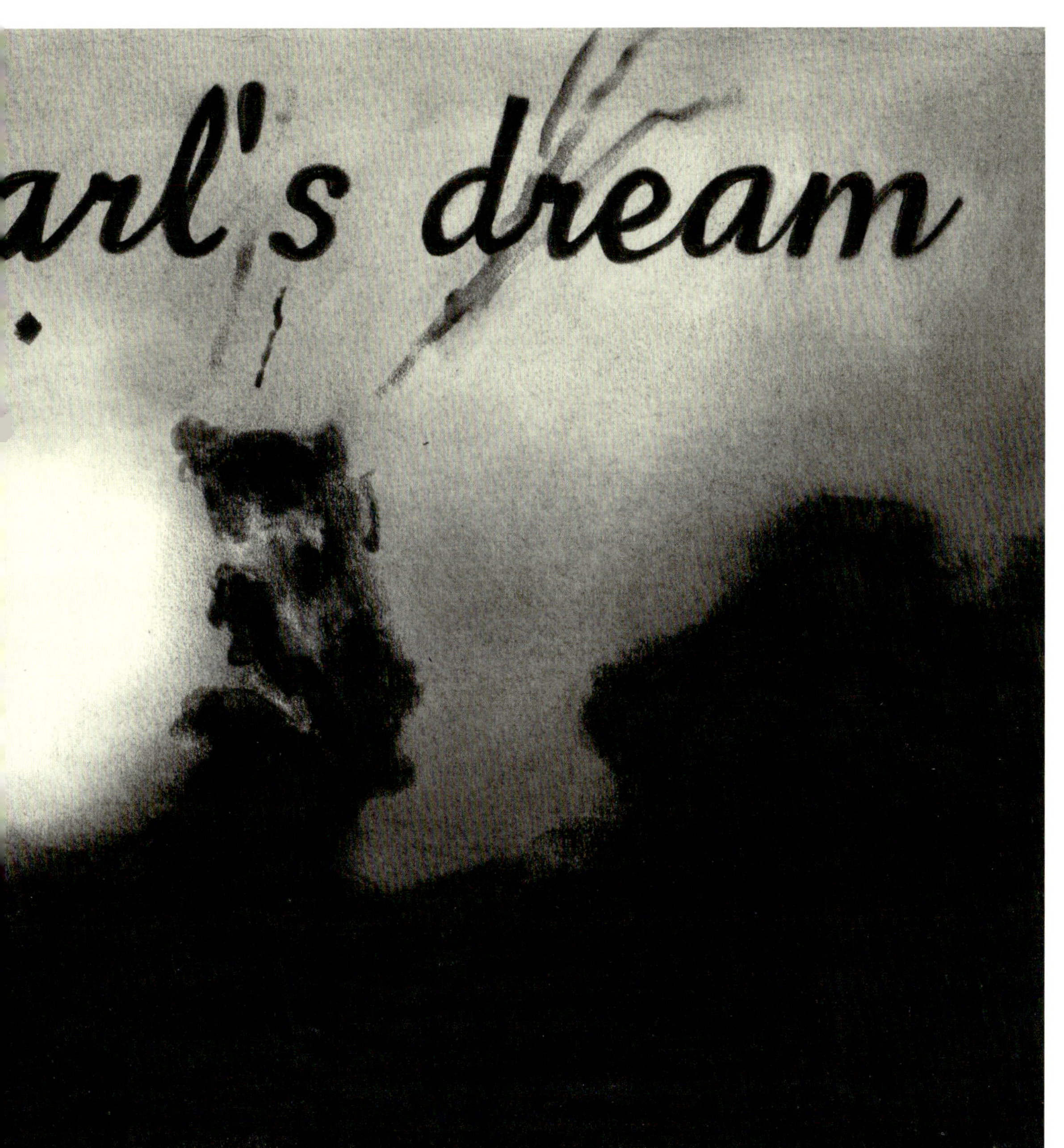
arl's dream

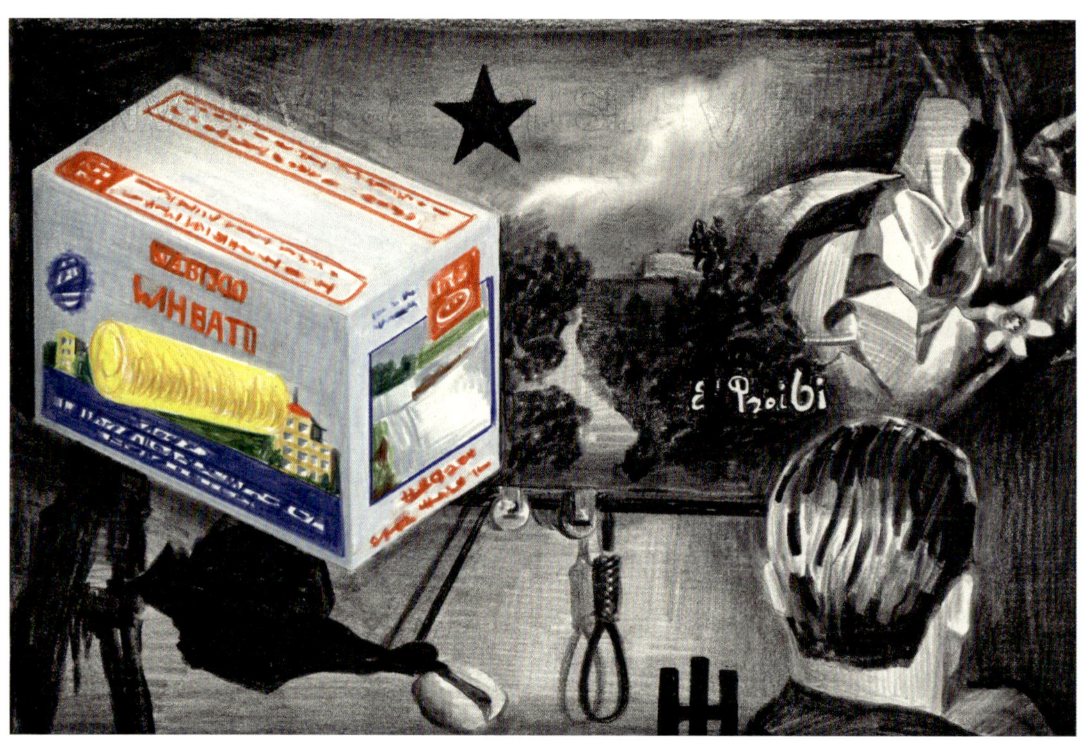
WHEATO
È Proibì

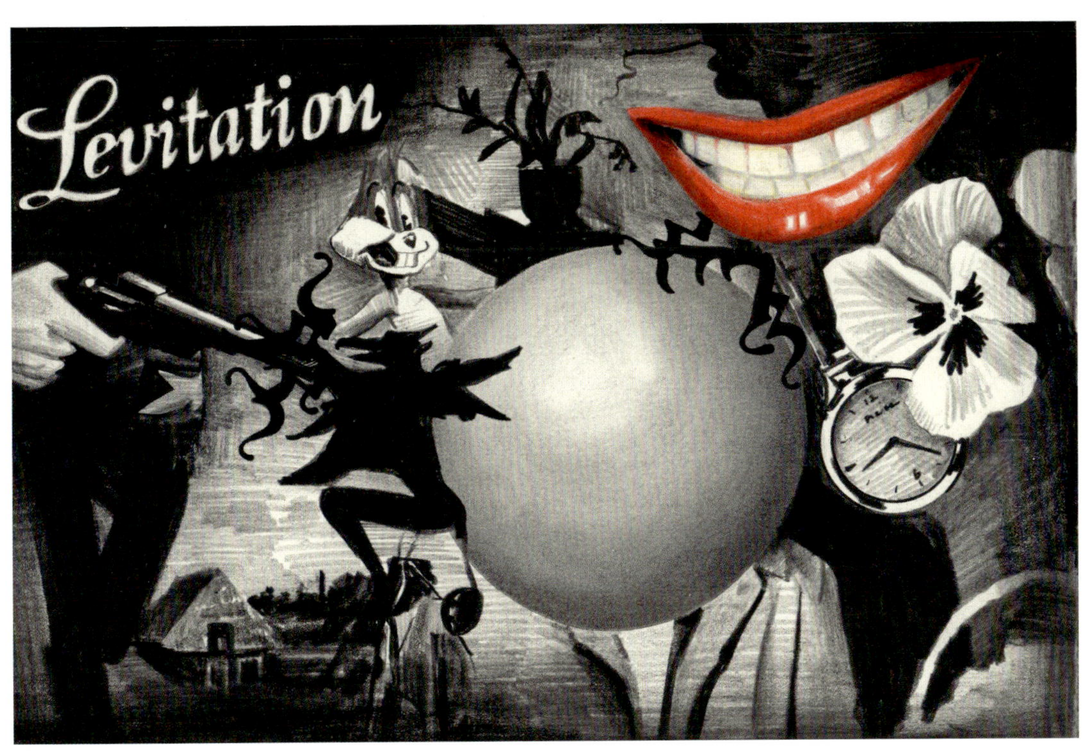
Levitation

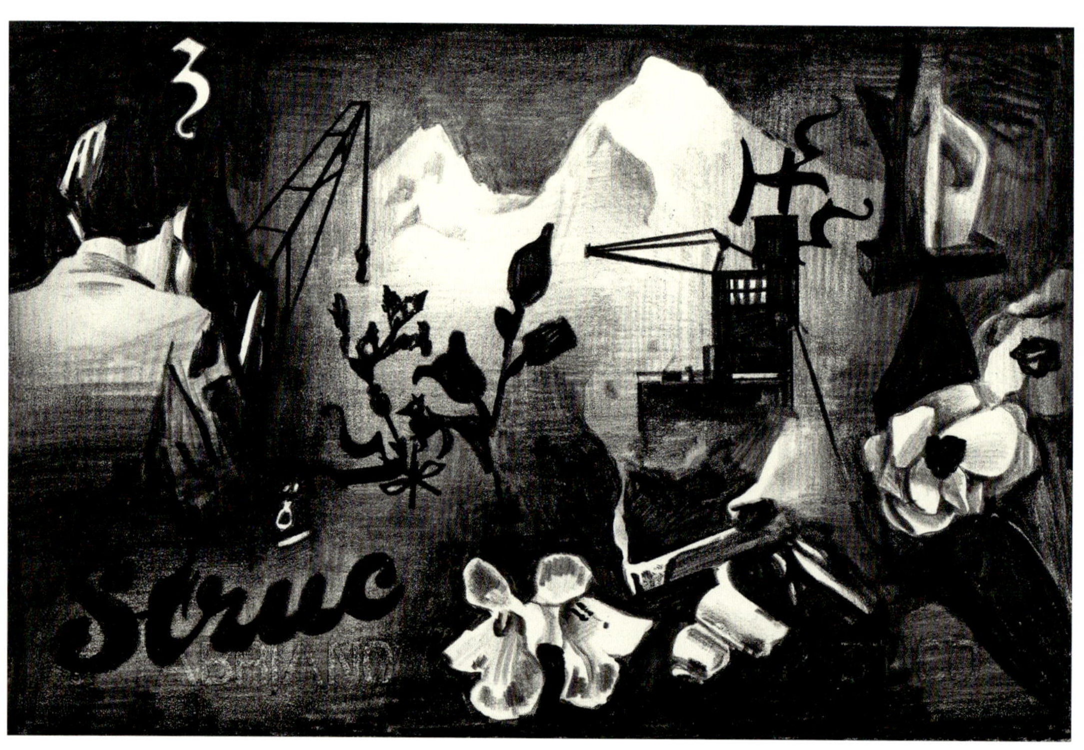
Struc

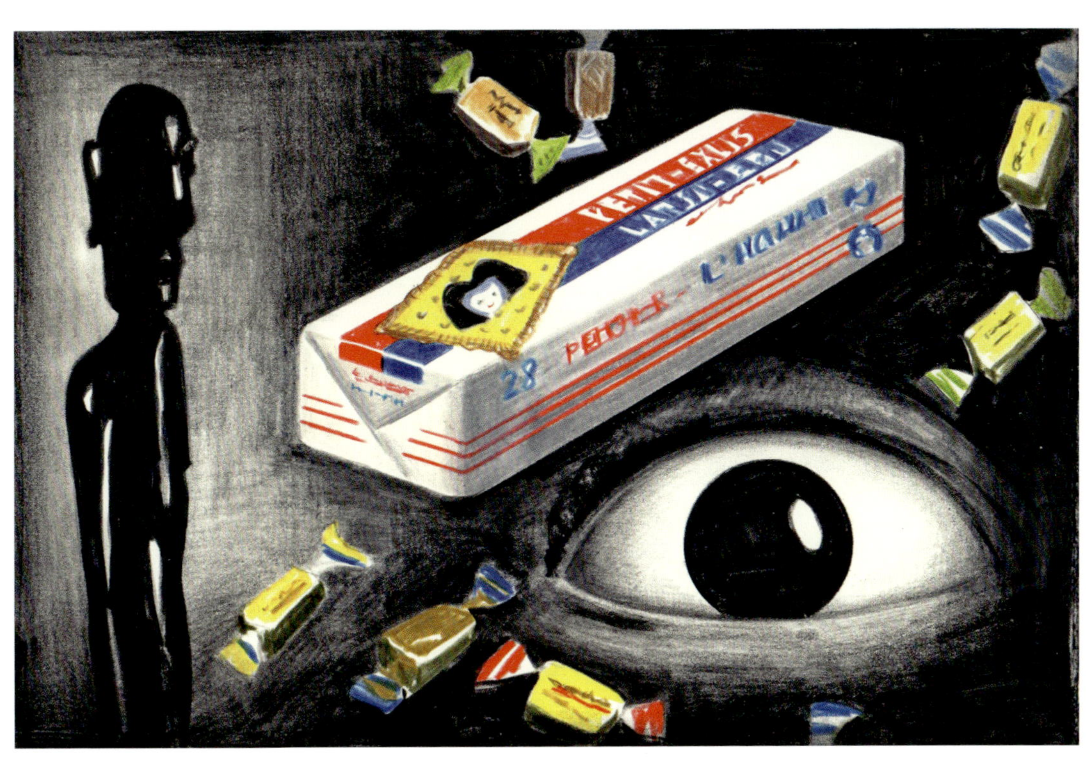

PETIT-EXPLIS
LANGE-BEAU
28
PETIT-L'ANGLAIS

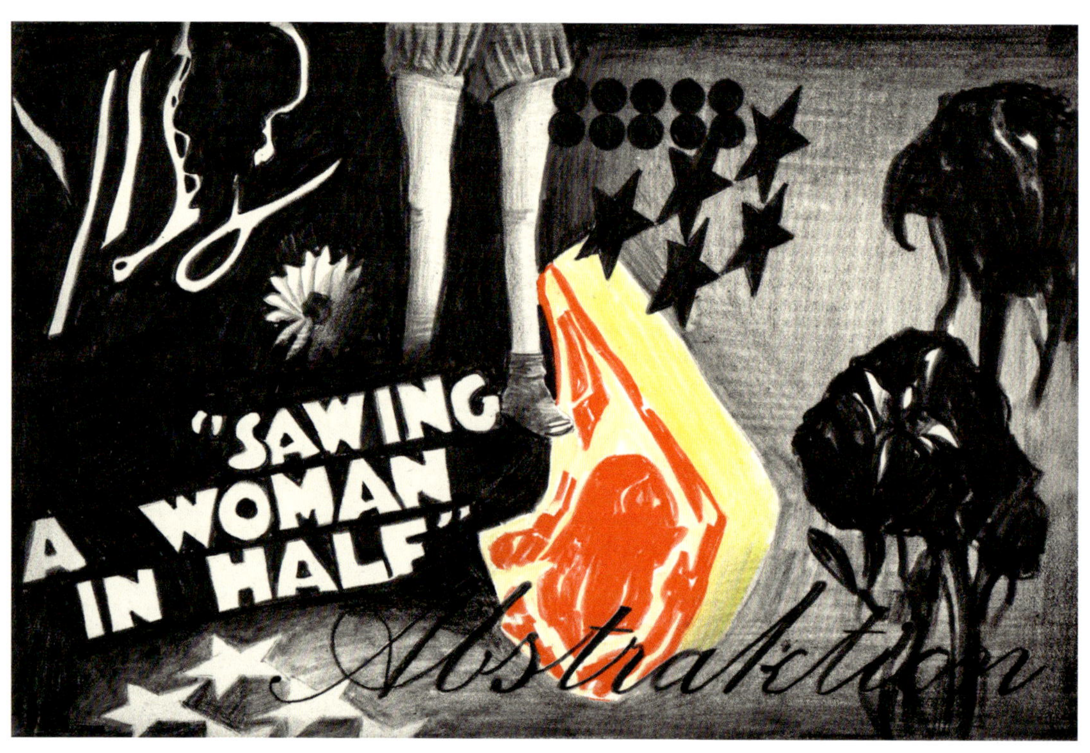
"SAWING
A WOMAN
IN HALF"
Abstraktion

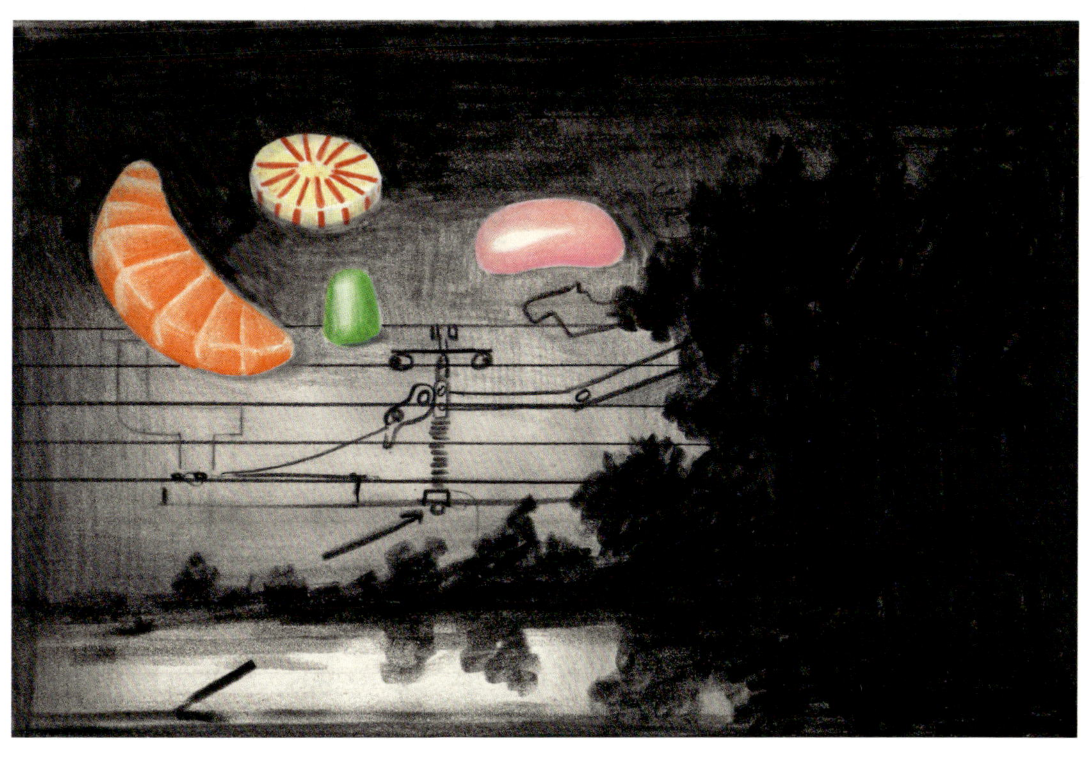

Karl's Dream
14-teilige Serie, 2010, je 19×28 cm,
Nerostift, Buntstift und Gouache auf Bütten
Privatsammlung
S. 42 – 49

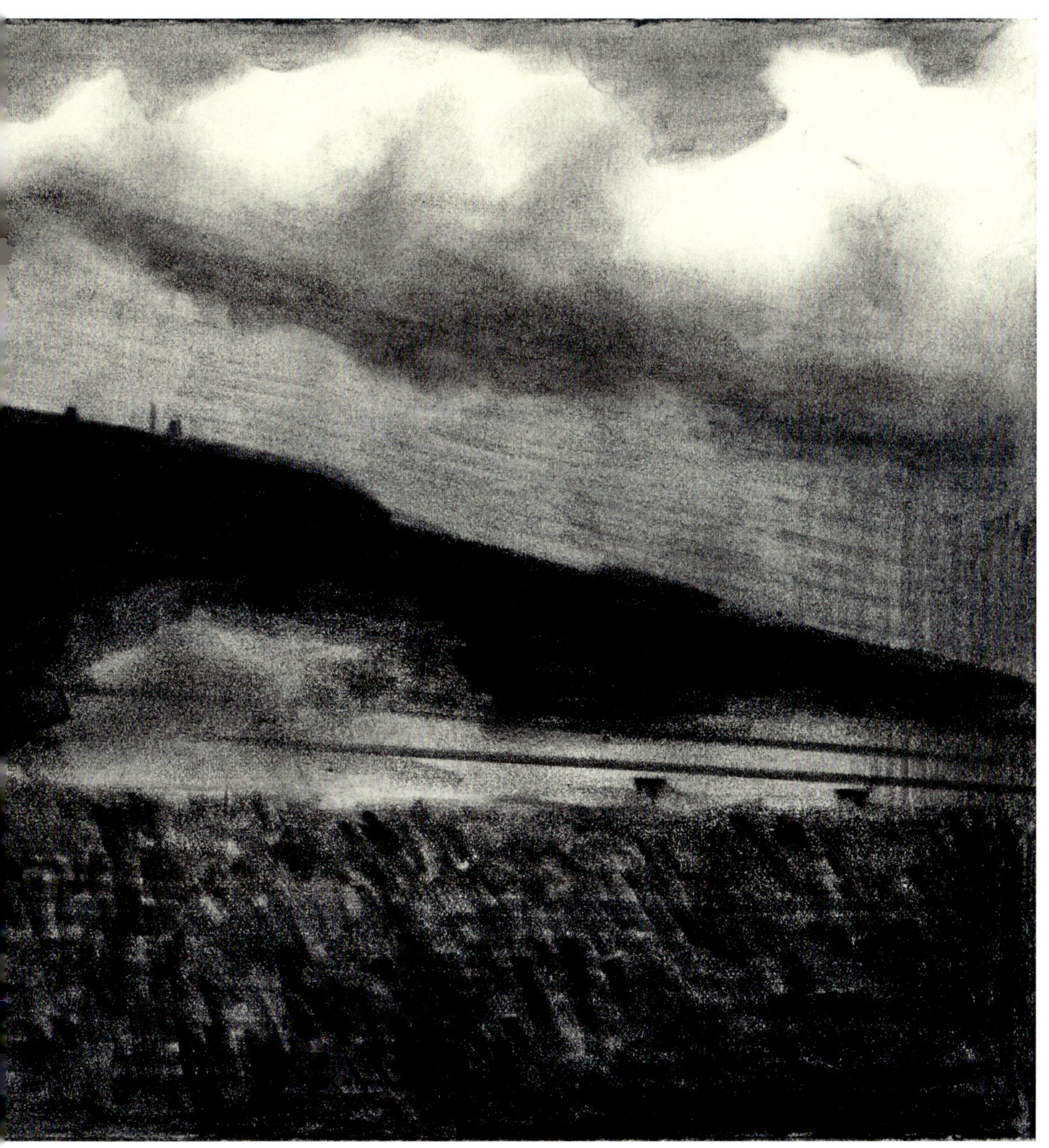

21.55

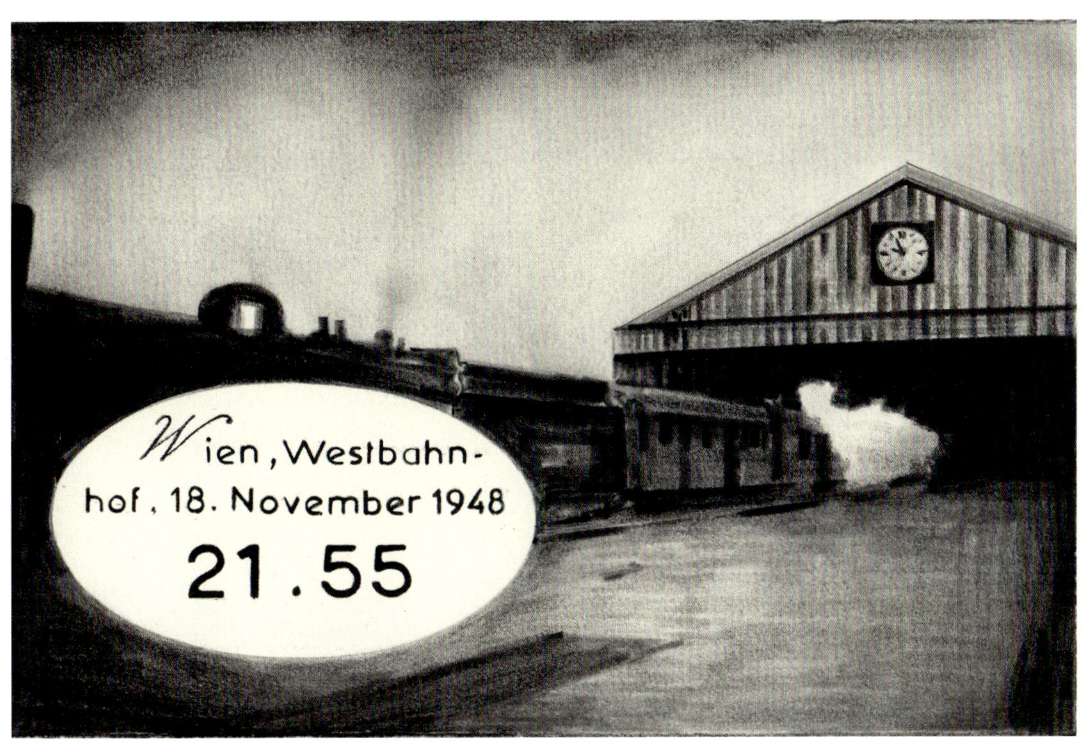
Wien, Westbahn-
hof, 18. November 1948
21.55

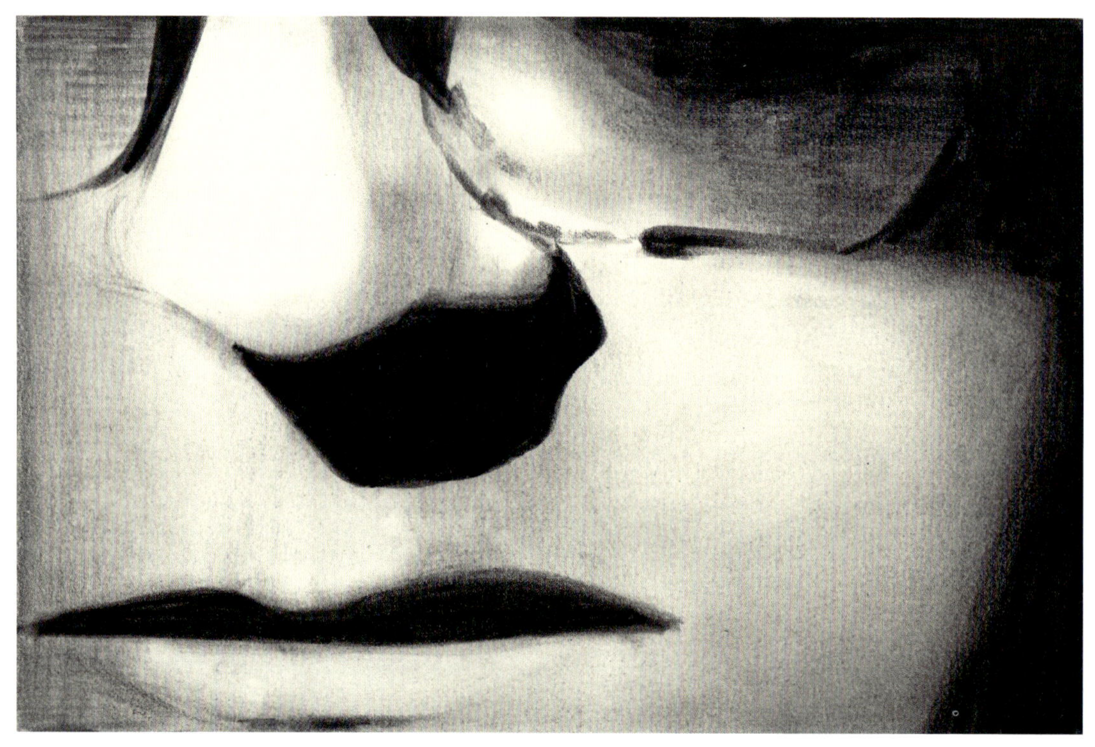

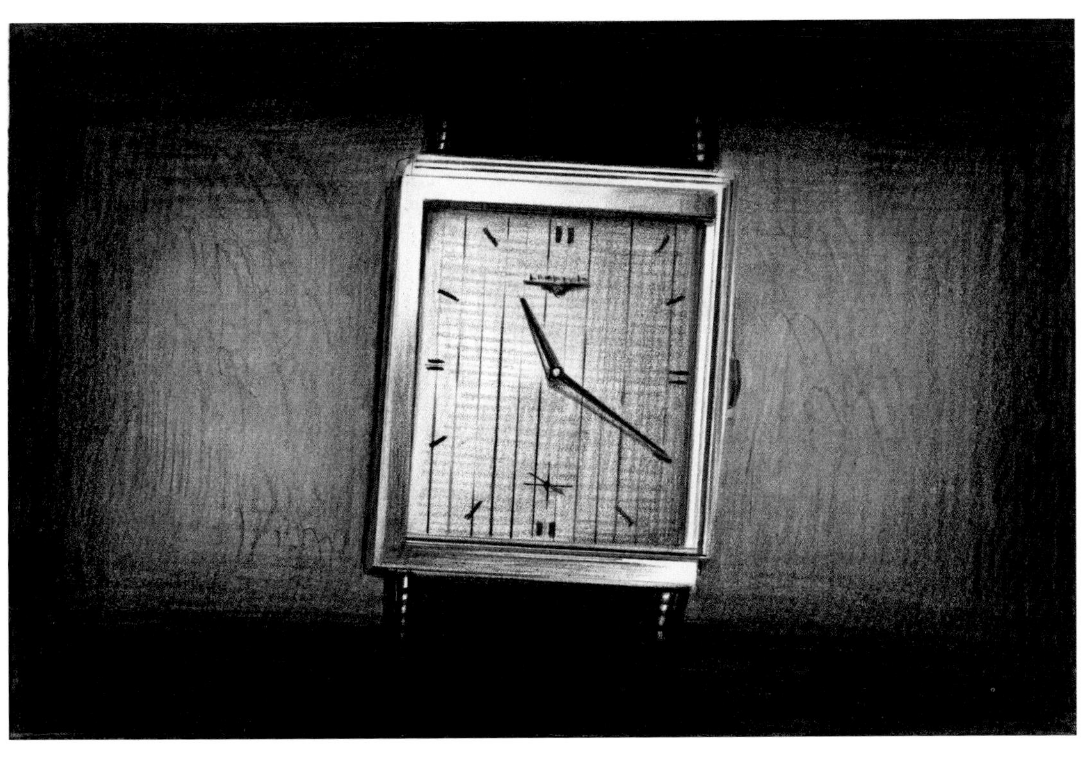

7.16 uur Snel Trein Bdg - Bat -
6.00 26 man Hlp Va Tjalngup v. Tjim

7.42 man Gurot Kapt Noorje 13.00
147 man: Prins Bernhard 18.00
126 man Suij . 18. 00   4 wagens Bdg

 Vert. Dienst 7 Dec h w Telefoon

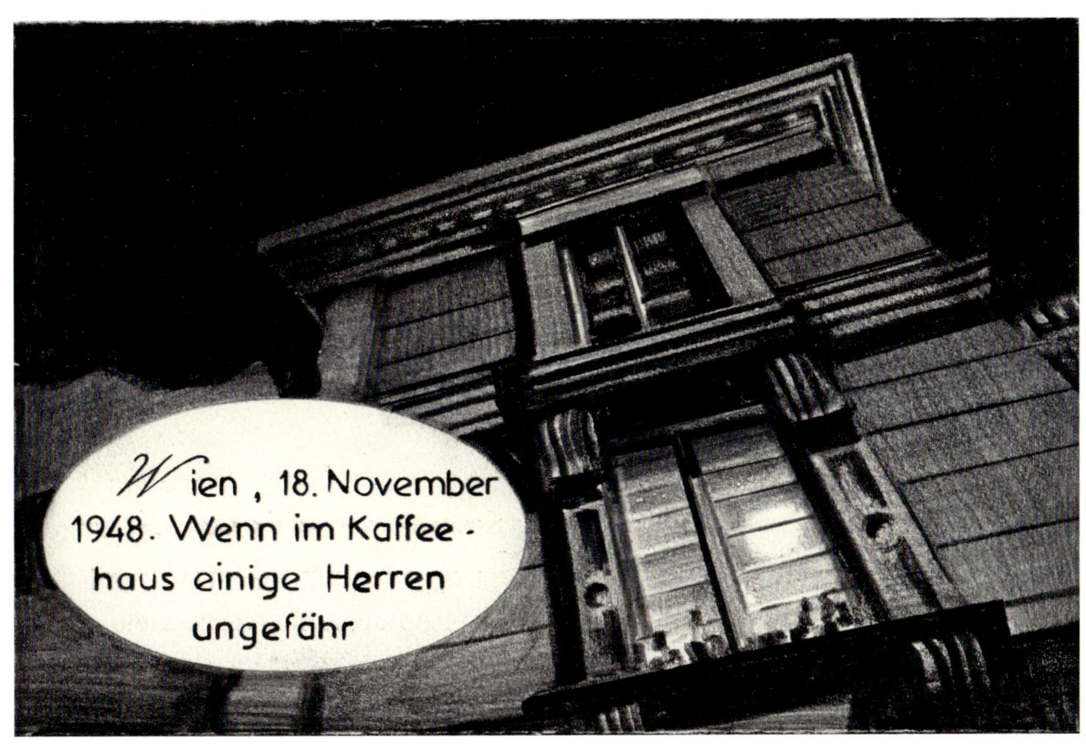

Letzte Reise nach Wien
Serie von 45 Zeichnungen, 1 Skulptur und 1 Video, 2009
Zeichnungen 19×28 cm / 35×22 cm,
Nerostift und Farbstift auf Bütten,
Skulptur 17×80×12 cm, Video 1:14 min
Karton, schwarze Farbe
S. 50 – 57

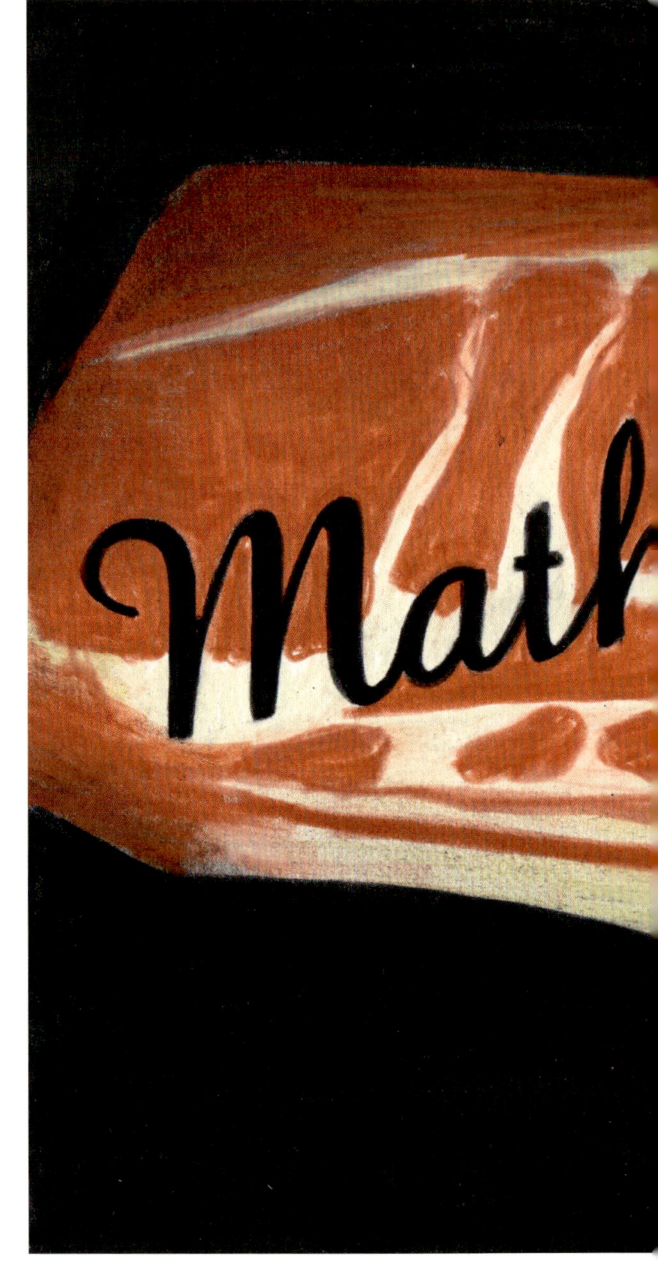

Math

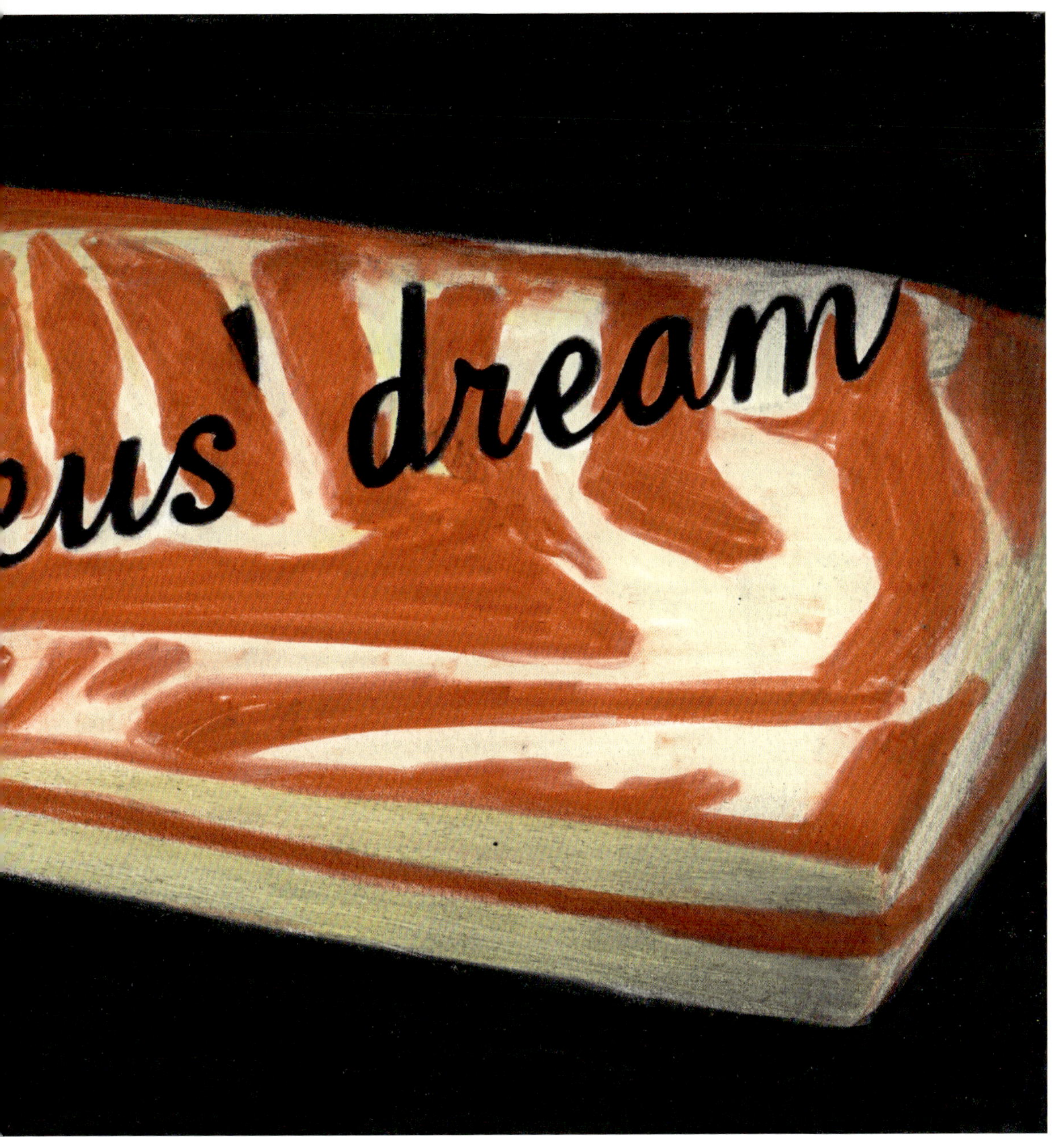
eus' dream

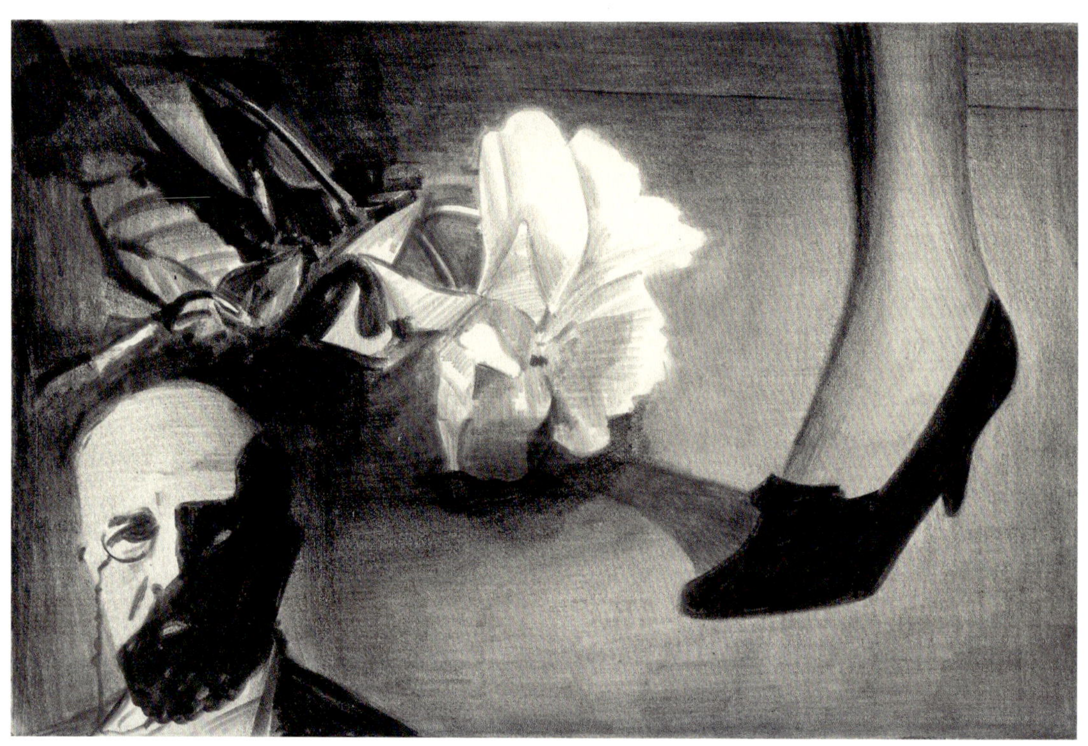

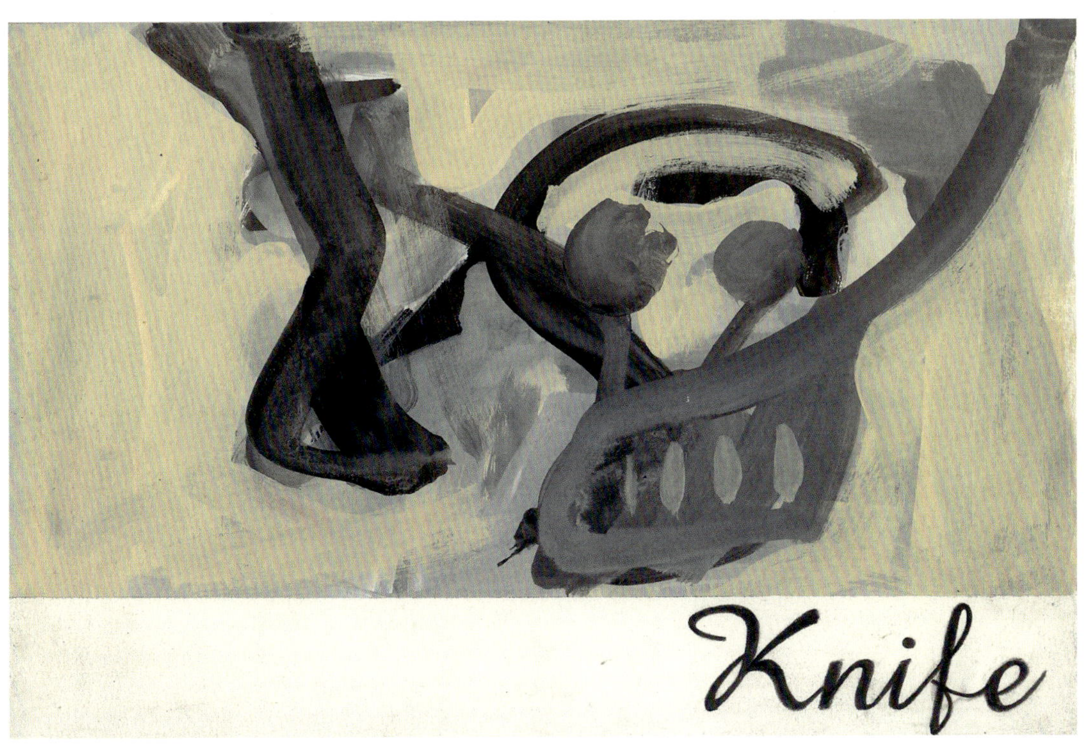

Knife

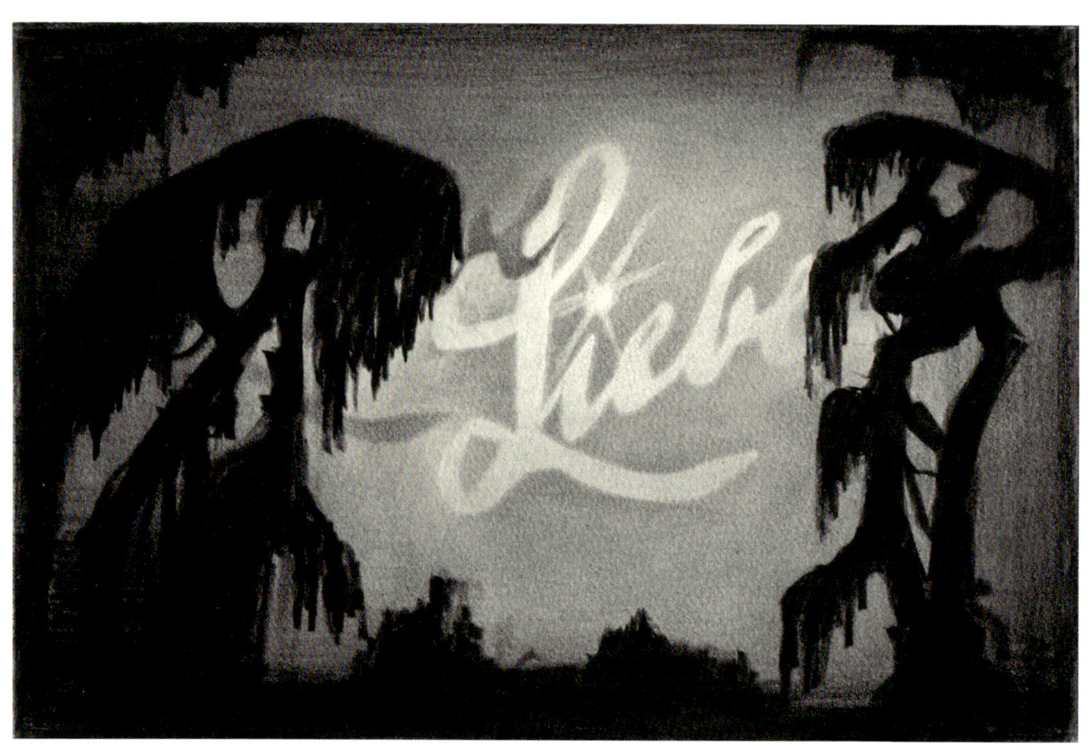

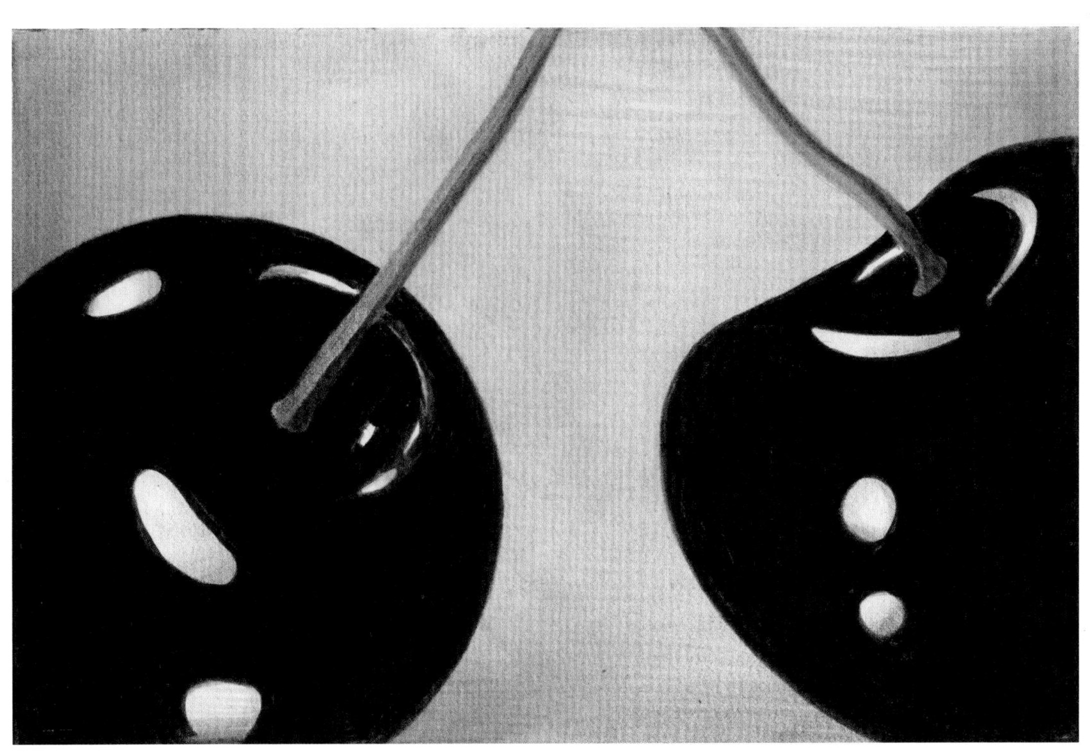

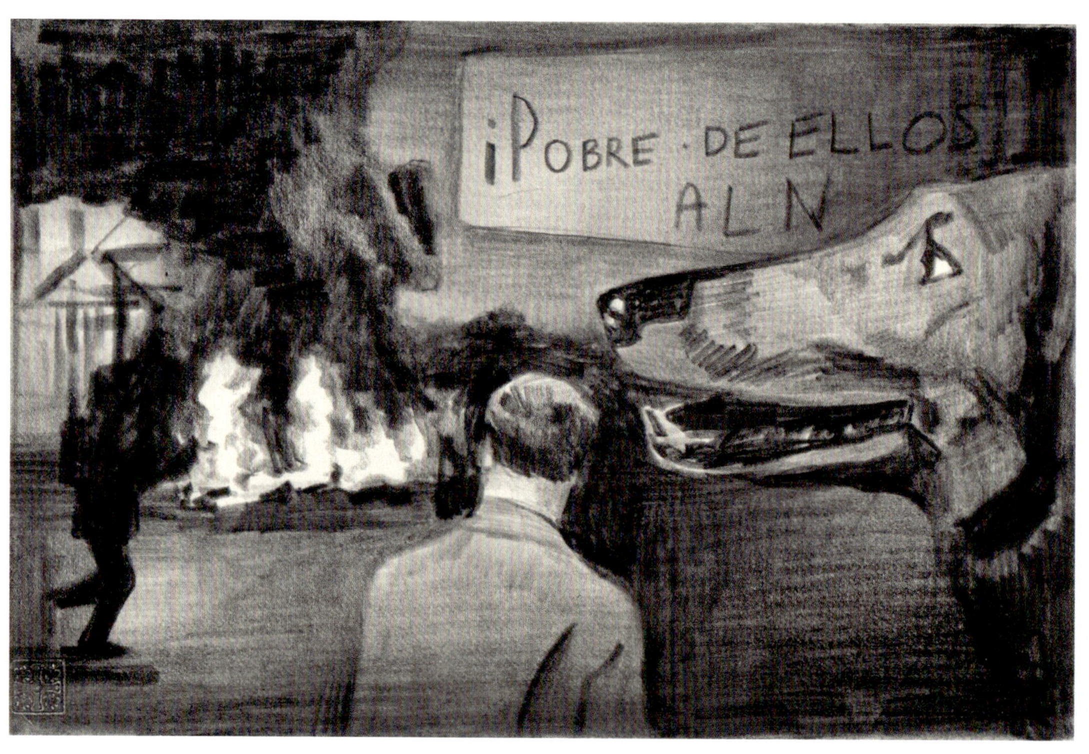

¡POBRE · DE ELLOS
ALN

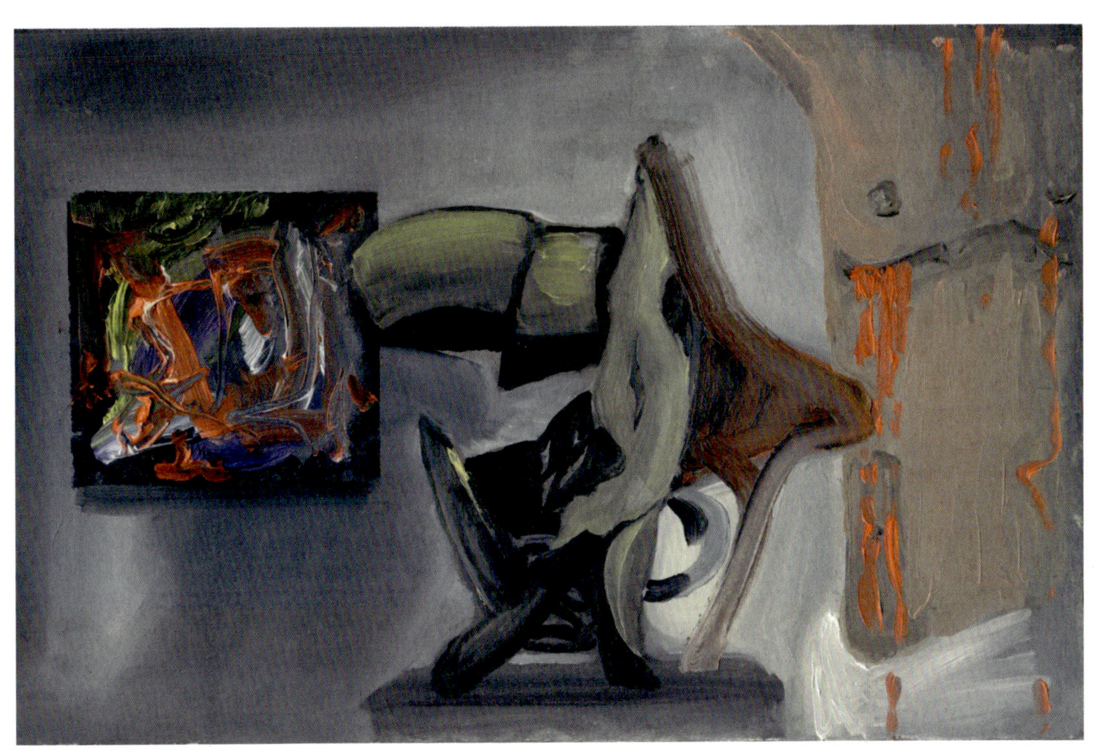

Matheus' Dream
Serie von 19 Zeichnungen, 2007
Zeichnungen je 19×28 cm, Nerostift,
Farbstift und Gouache auf Bütten
S. 58 – 65

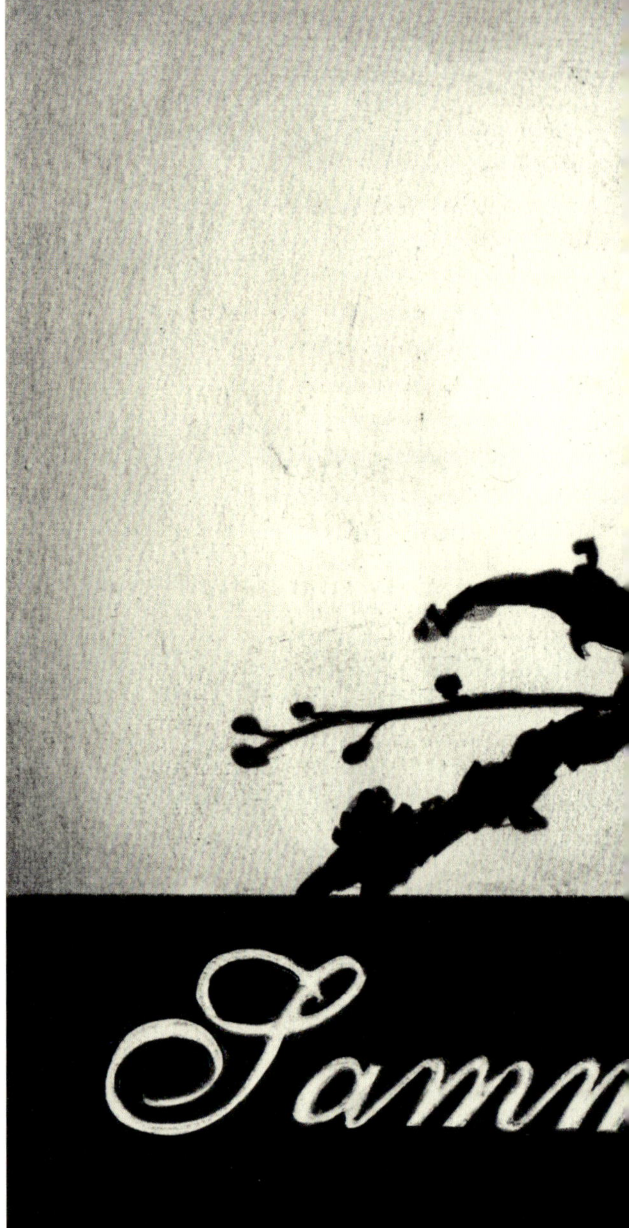

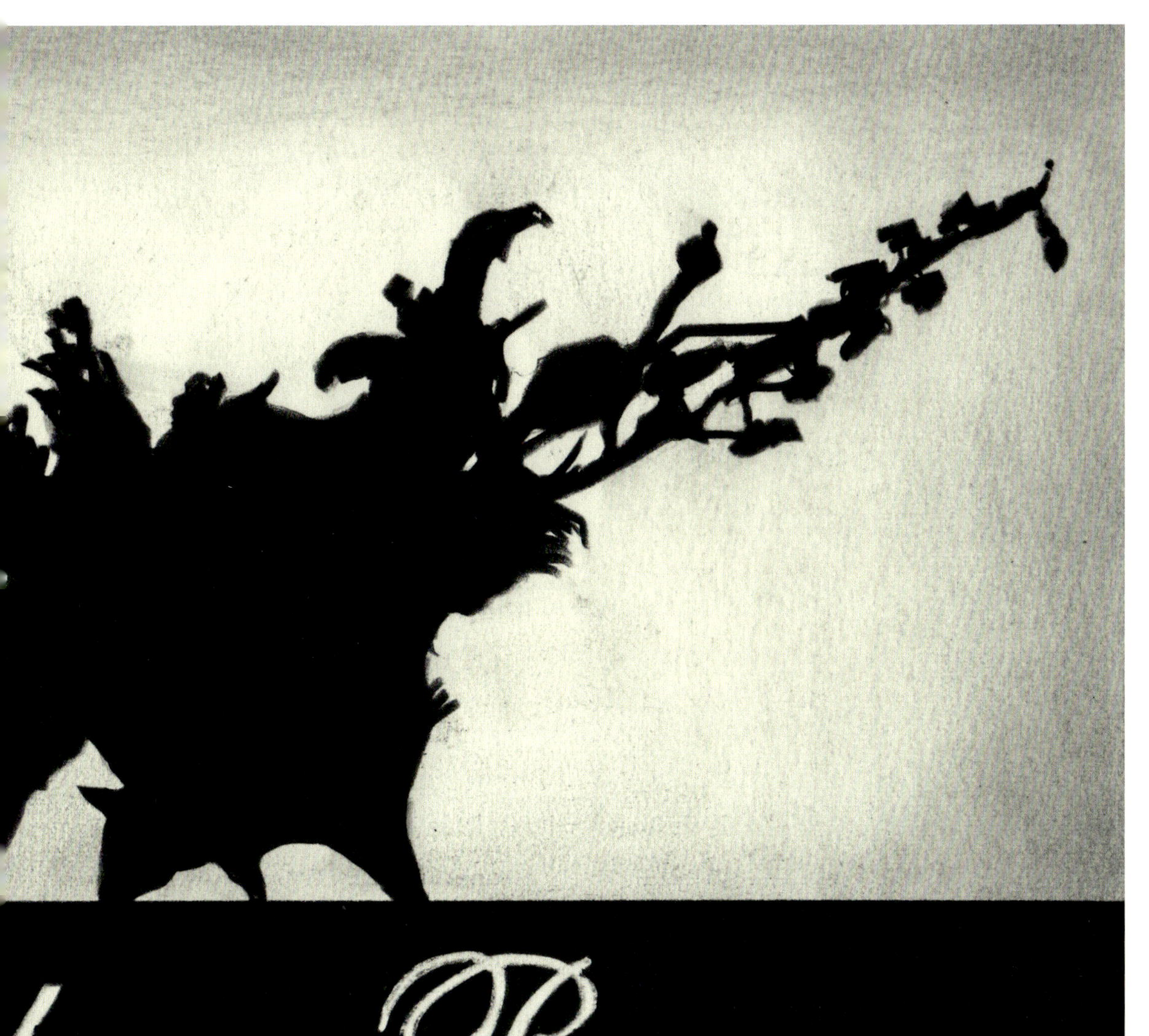
Jung Boryna

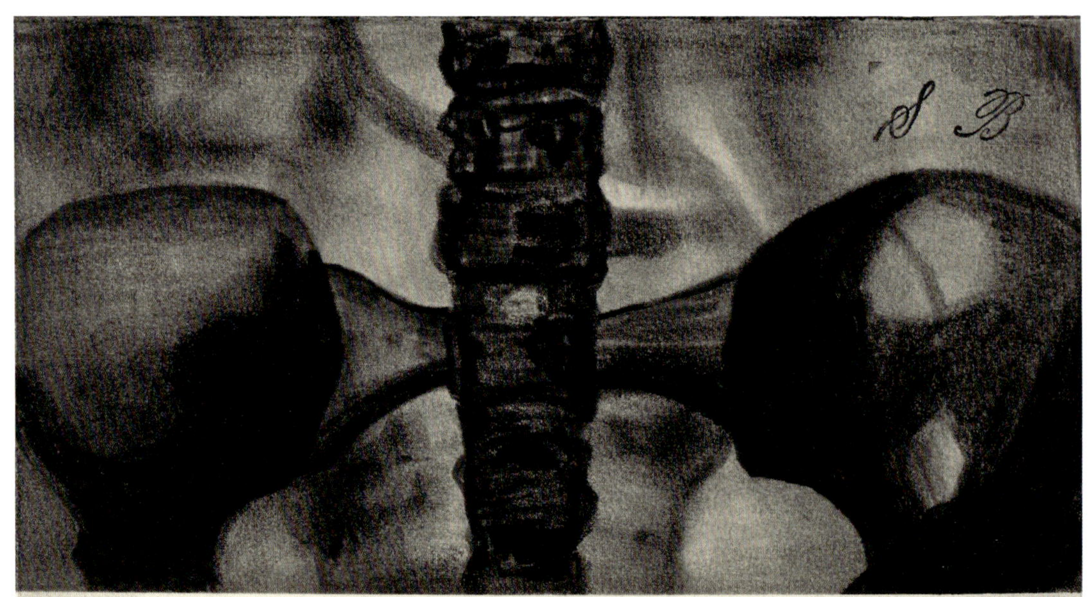

Alfred Engelhart, 'Struktur II', 1943
Öl, 20 x 30

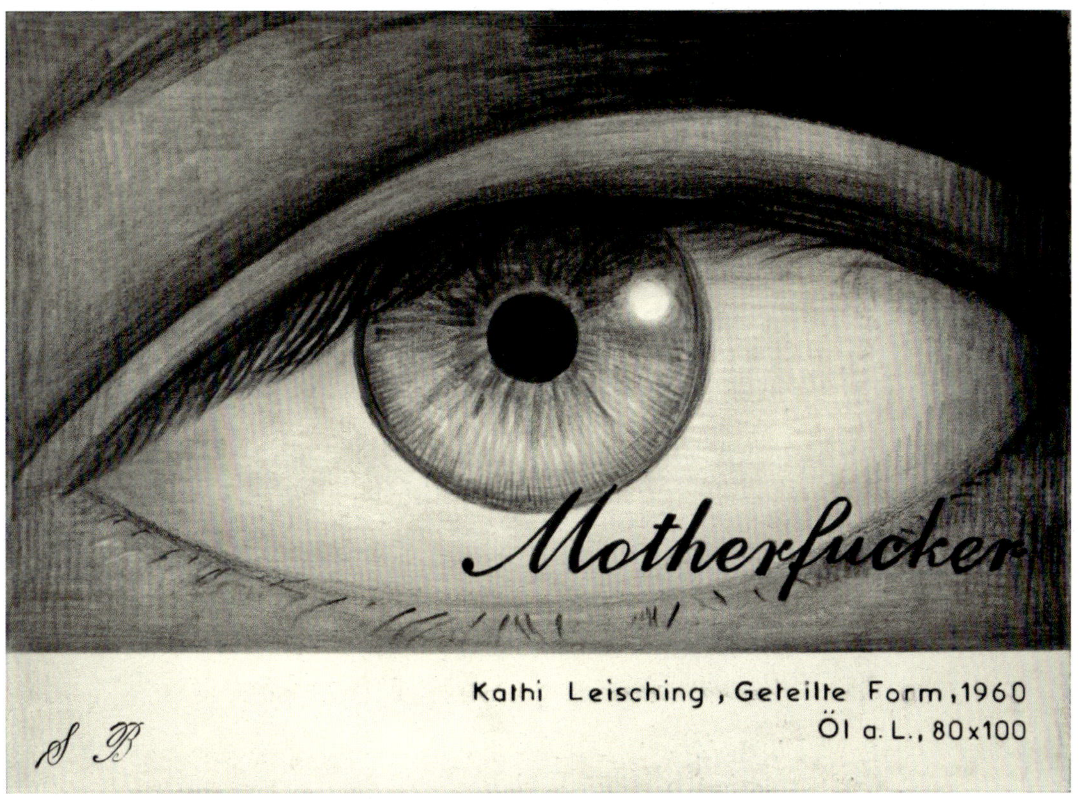

Kathi Leisching, Geteilte Form, 1960
Öl a. L., 80 x 100

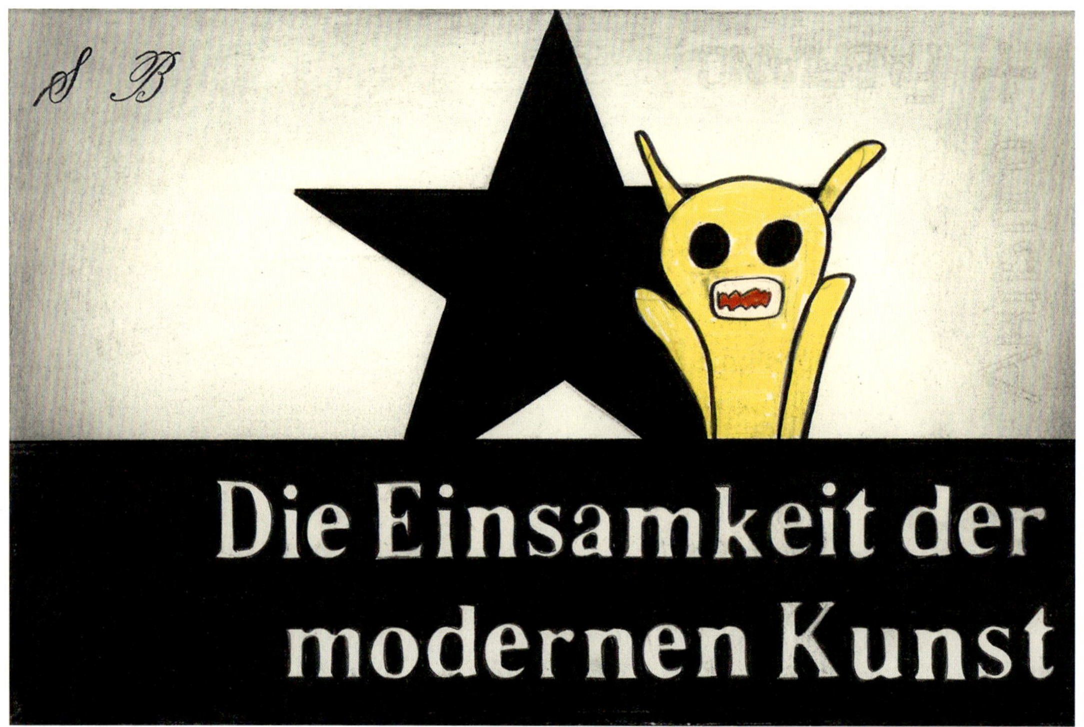

Die Einsamkeit der
modernen Kunst

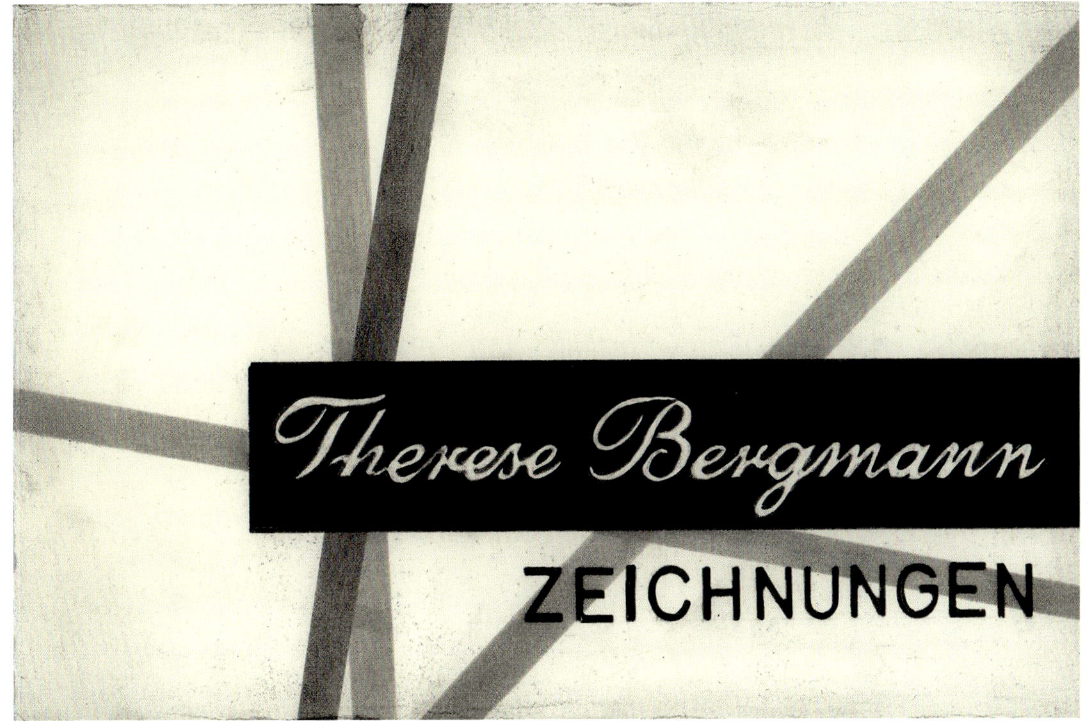
Therese Bergmann
ZEICHNUNGEN

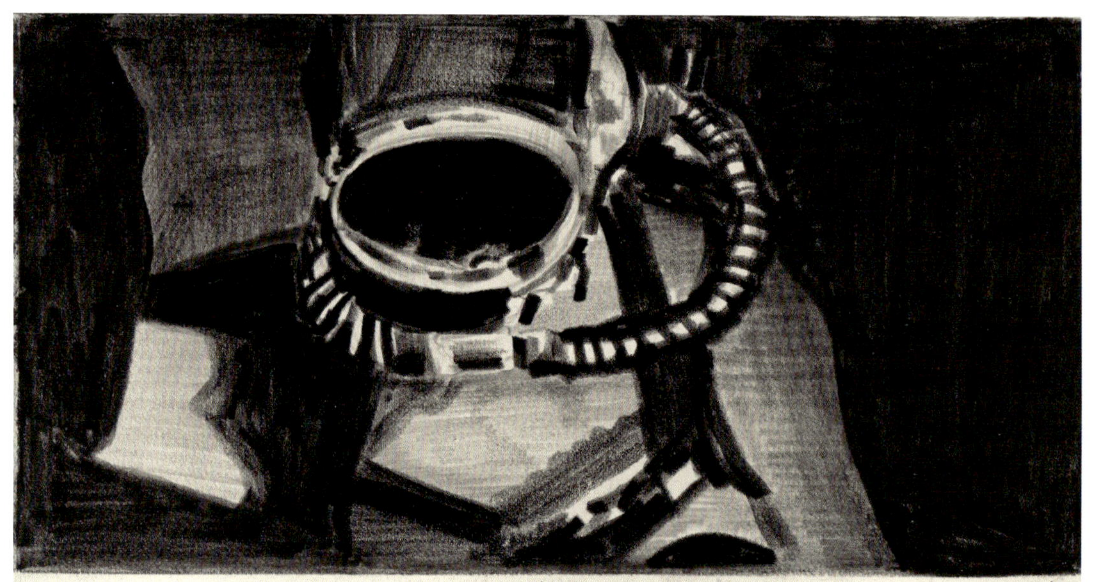

Hanns Fröhlich , 'Lucky man'
Gouache , 50 × 65

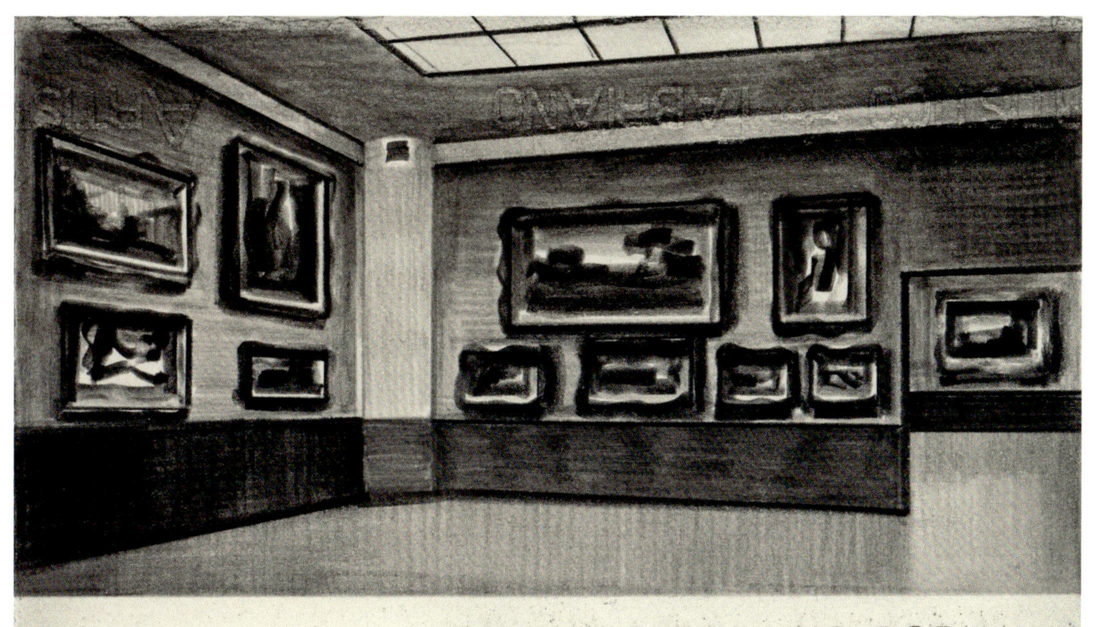

Sammlung Boryna
Serie von 66 Zeichnungen, 2009
Zeichnungen 19×28 cm / 28×38 cm, Nerostift, Farbstift
und Gouache auf Bütten
S. 66–73

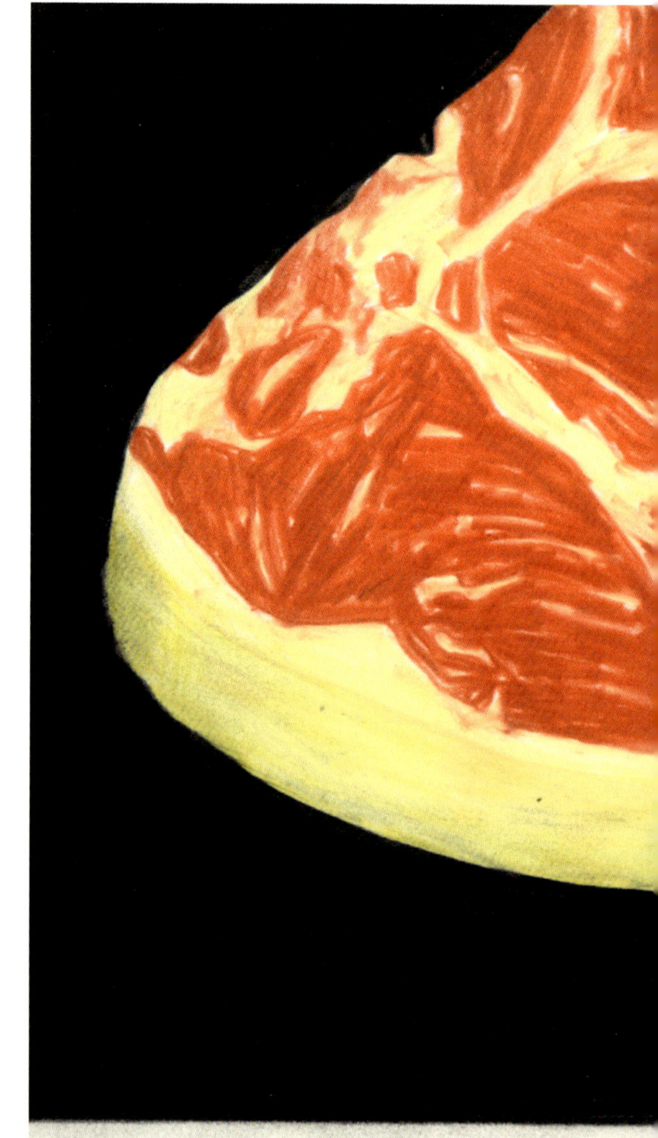

Der Tod de

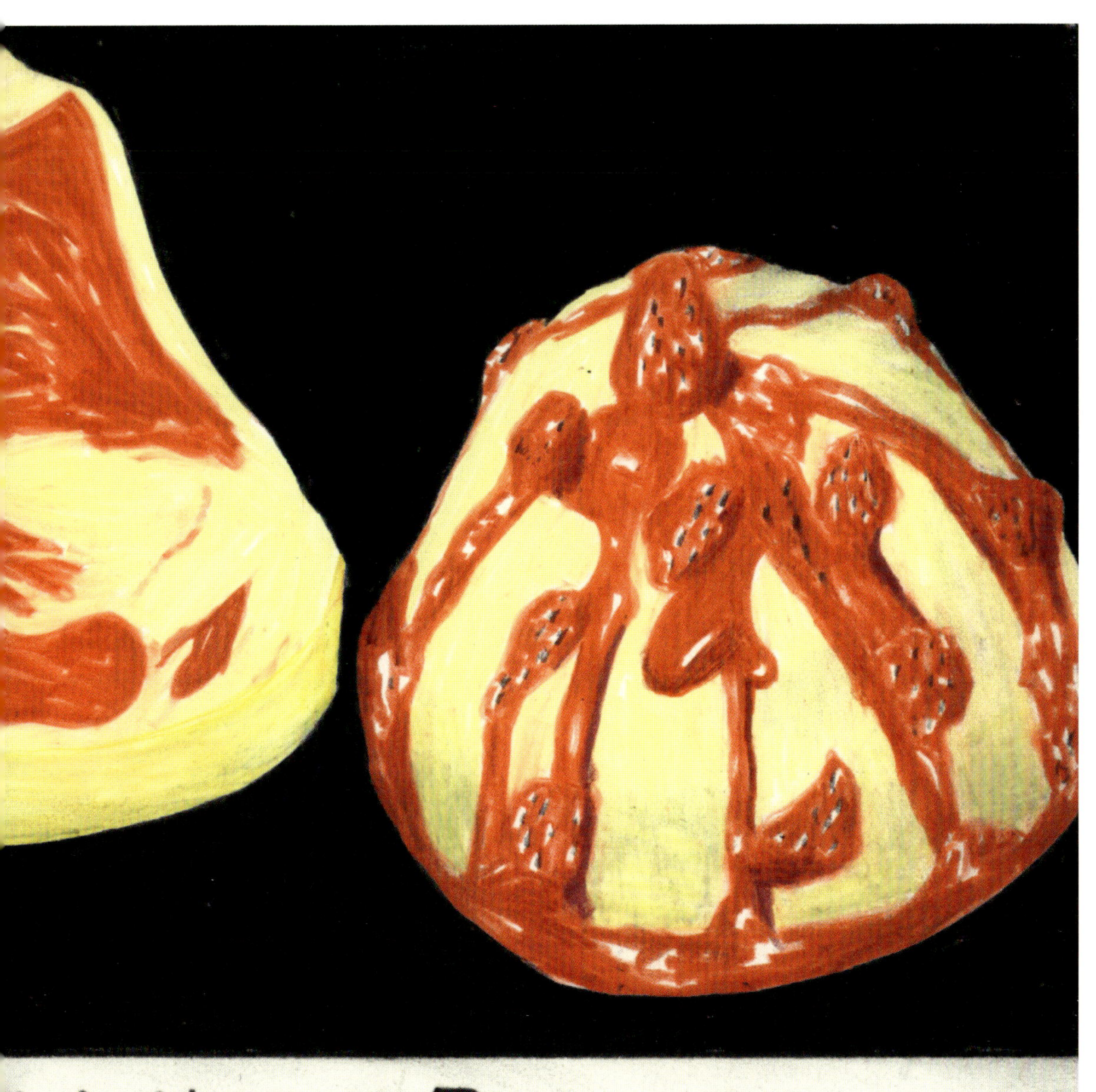

Matheus Boryna

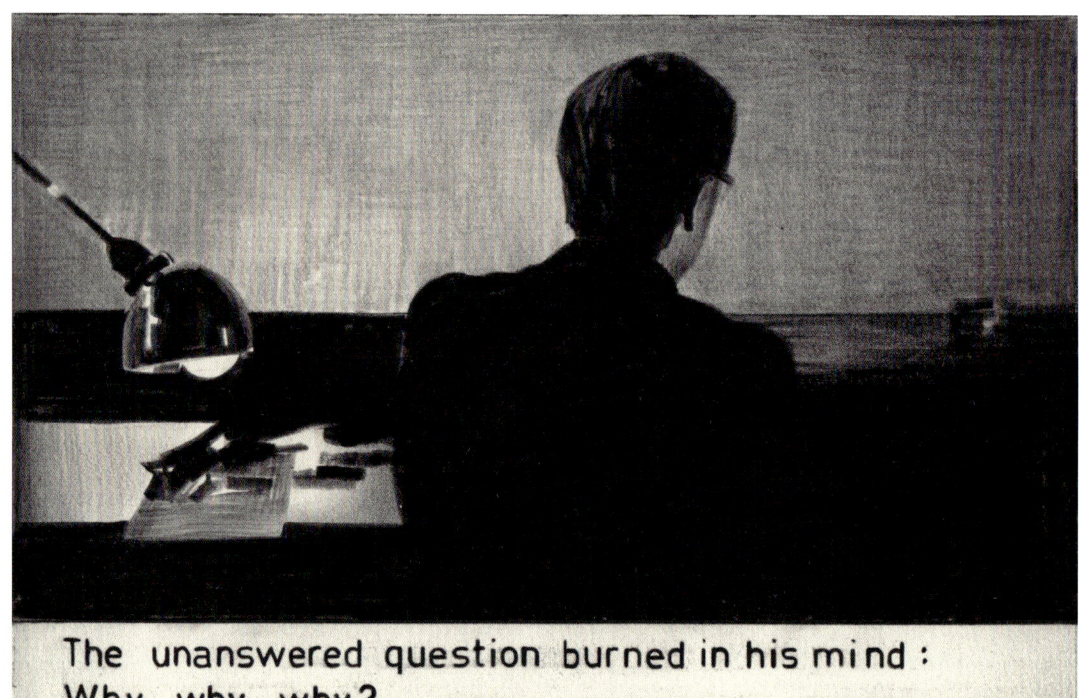

The unanswered question burned in his mind :
Why. why. why?

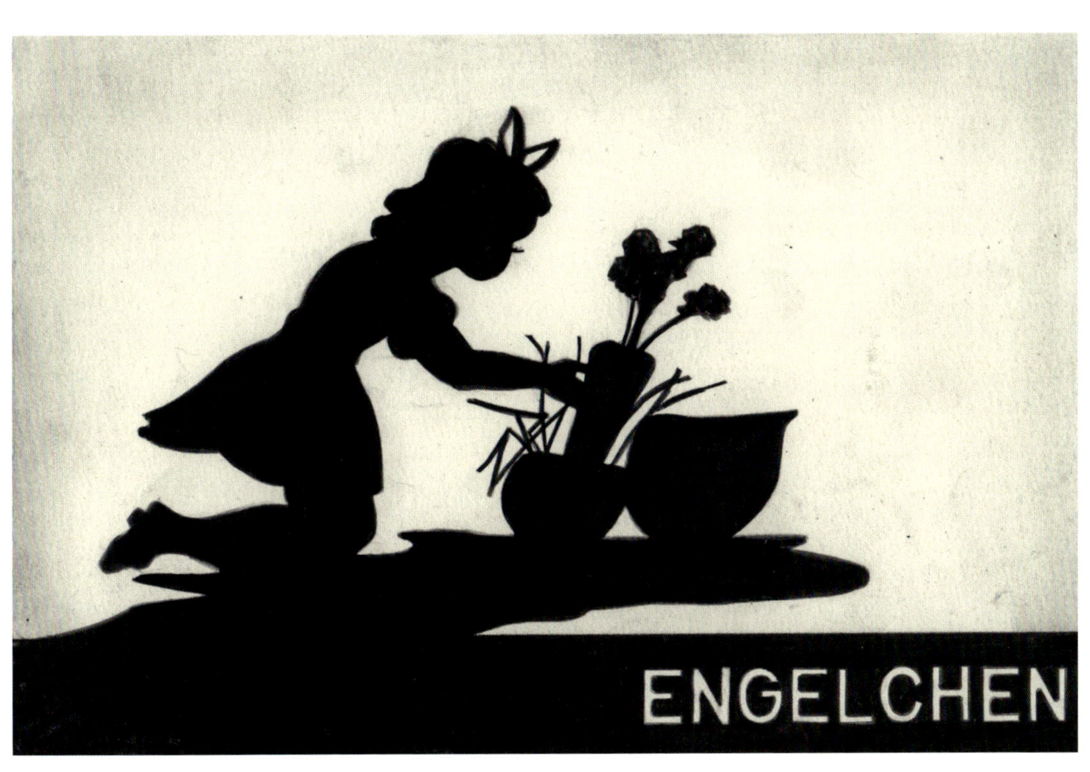

ENGELCHEN

'Look', ▮▮▮▮▮ said gently, 'let's start at the beginning. Where did you meet this doll and why didn't
you tell me before?'
'I wasn't sure she'd come,' ▮▮▮▮▮ said. 'I was

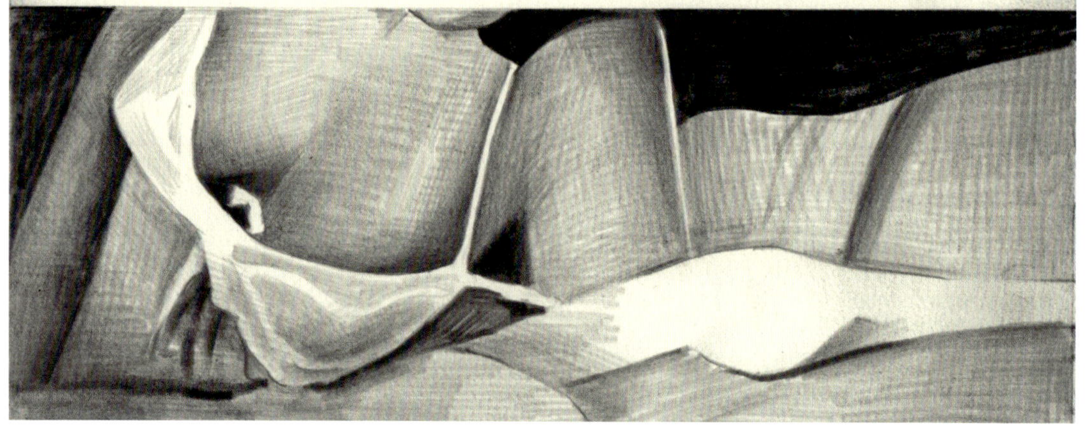

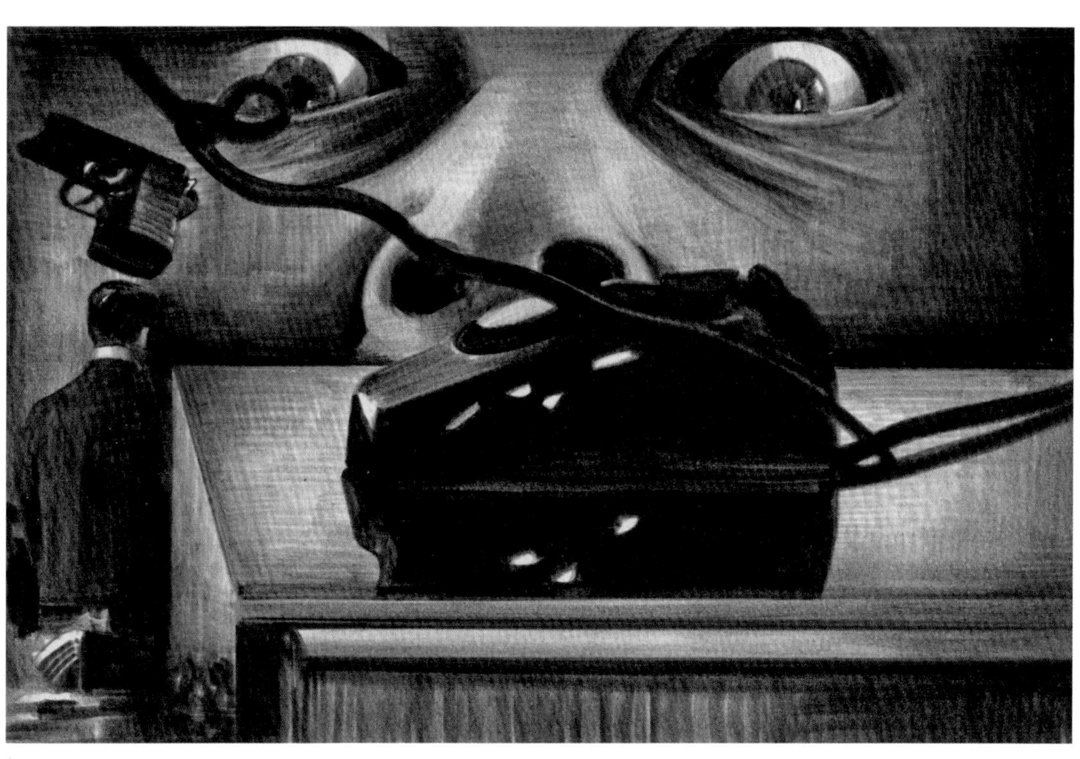

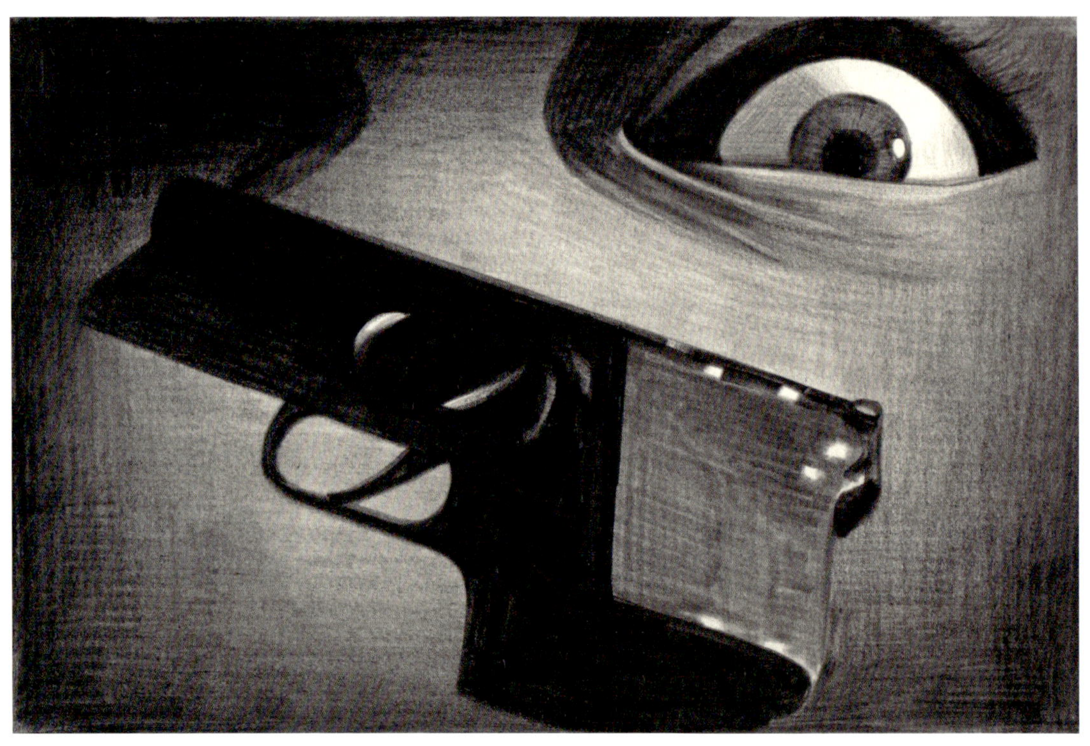

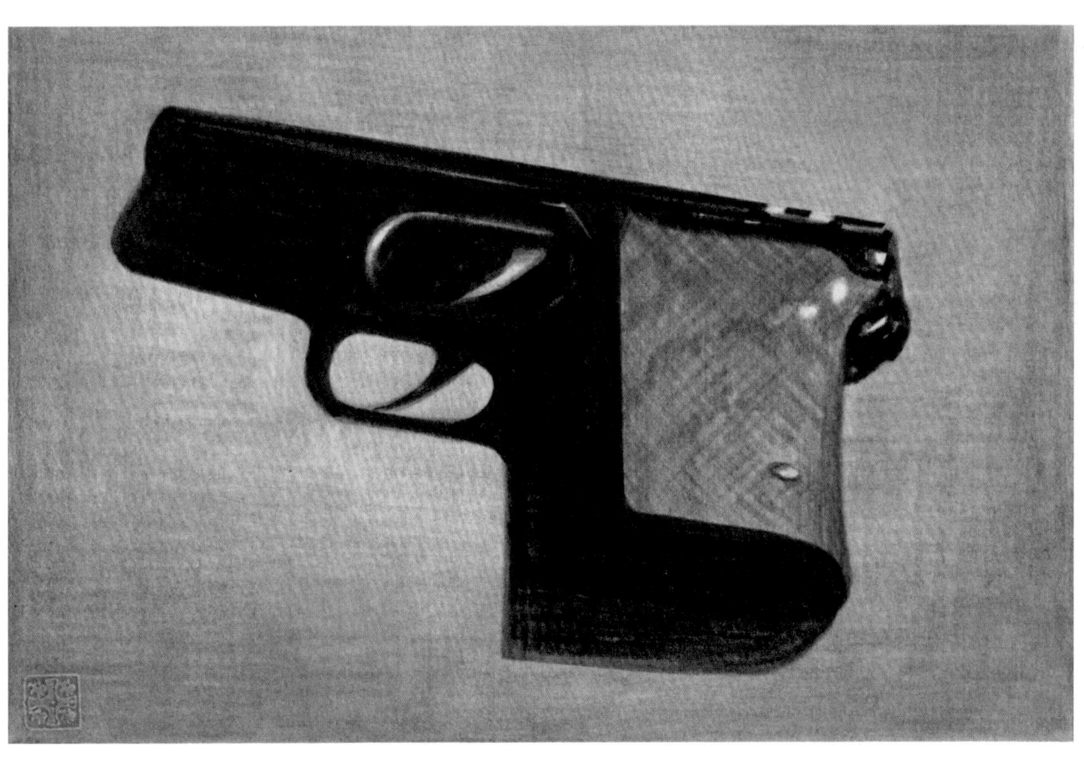

Der Tod des Matheus Boryna
Serie von 33 Zeichnungen, 2006/2007
Zeichnungen je 19×28 cm, Nerostift,
Farbstift und Gouache auf Bütten
S. 74 – 81

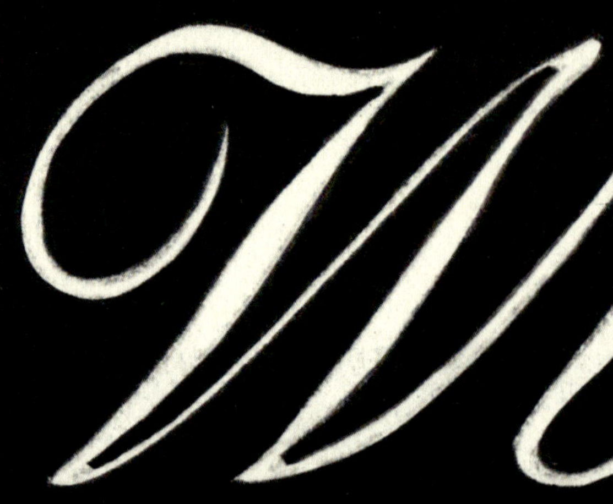
EINE

erst.

MORITAT.

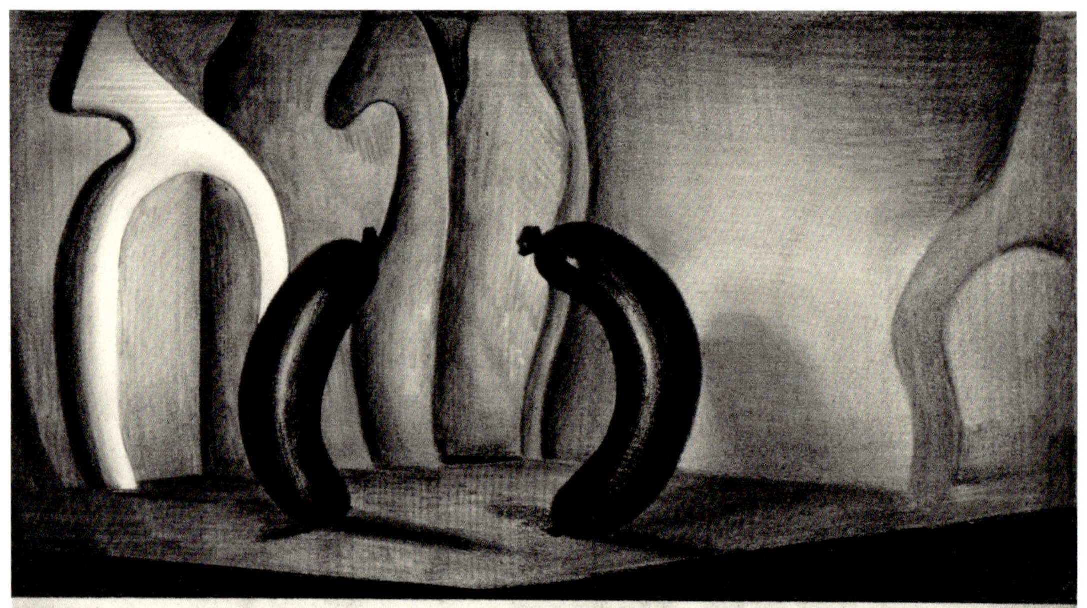

Oswald Sollmann and Matheus Boryna as sausages
in: 'Wurst. Eine Moritat.' (1938) — D.T., Berlin. (147)

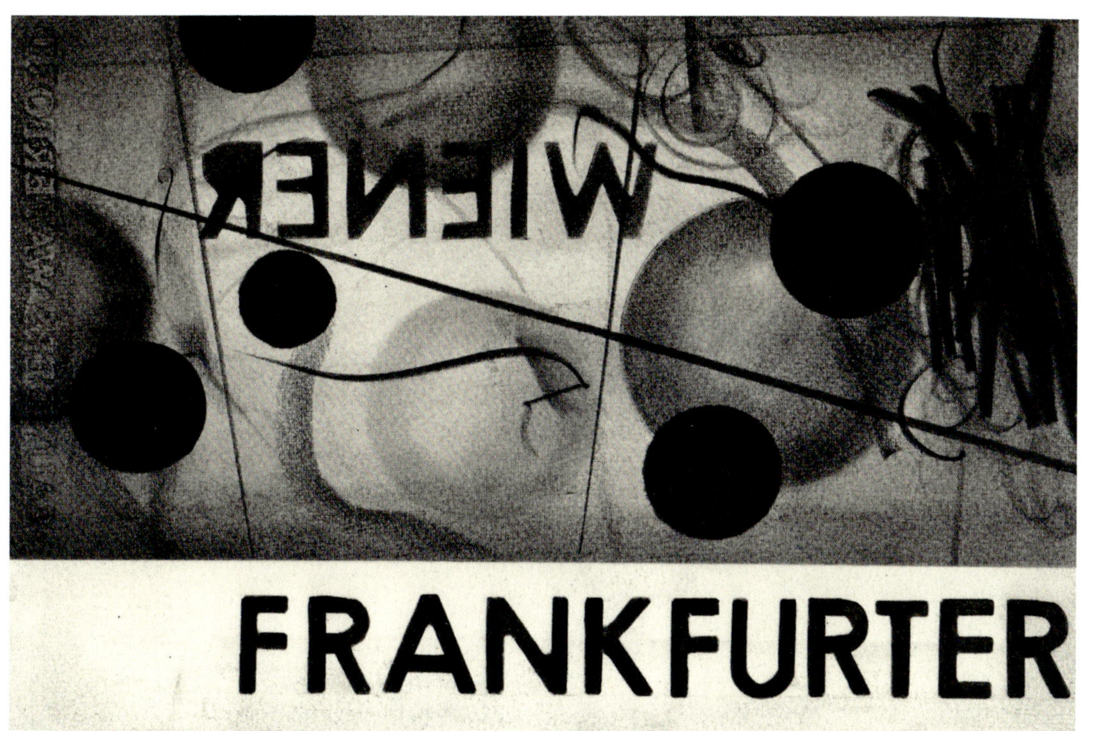

WIENER
FRANKFURTER

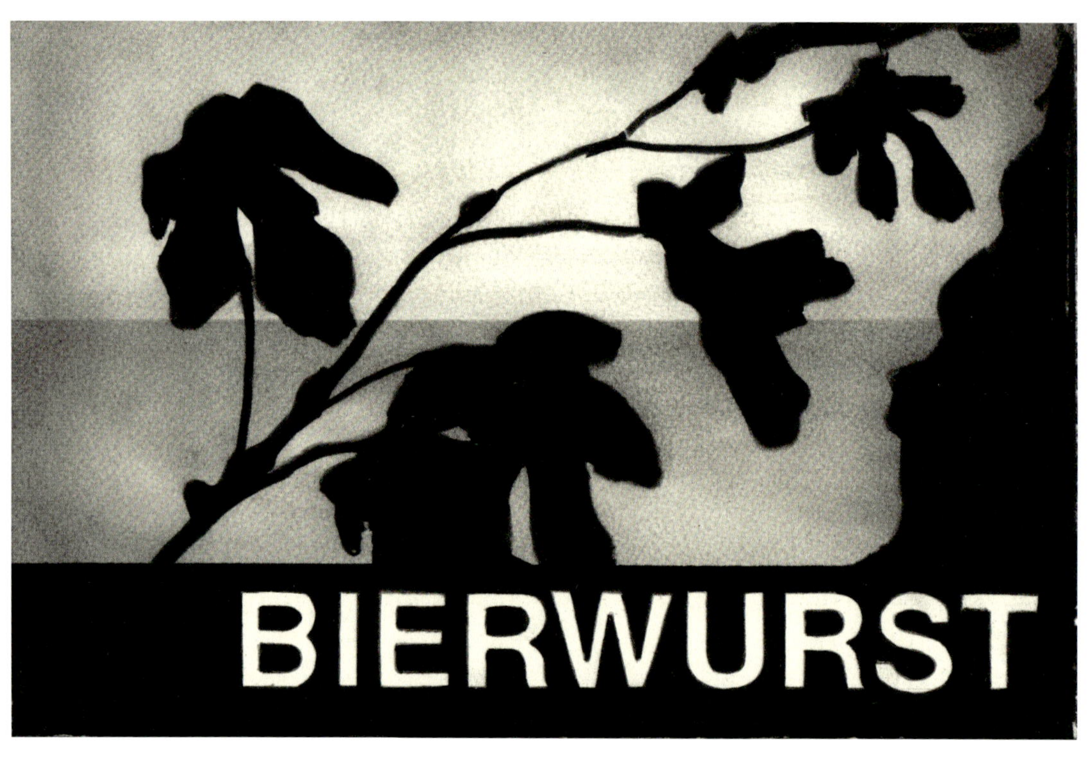
BIERWURST

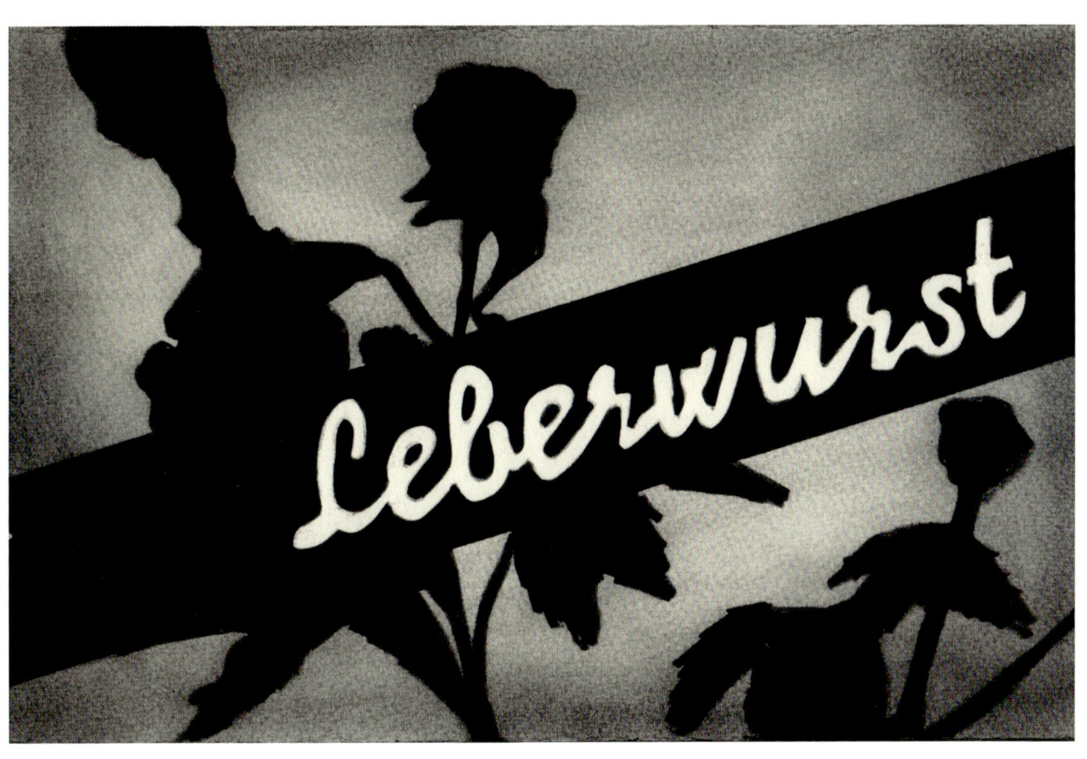
Leberwurst

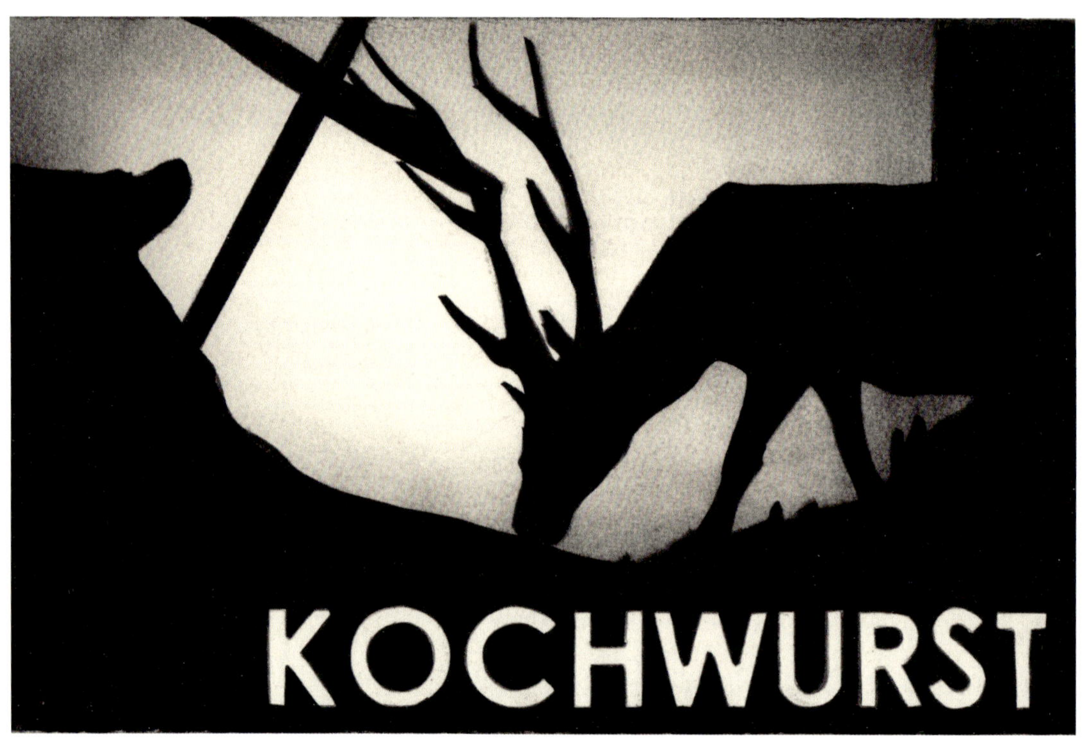
KOCHWURST

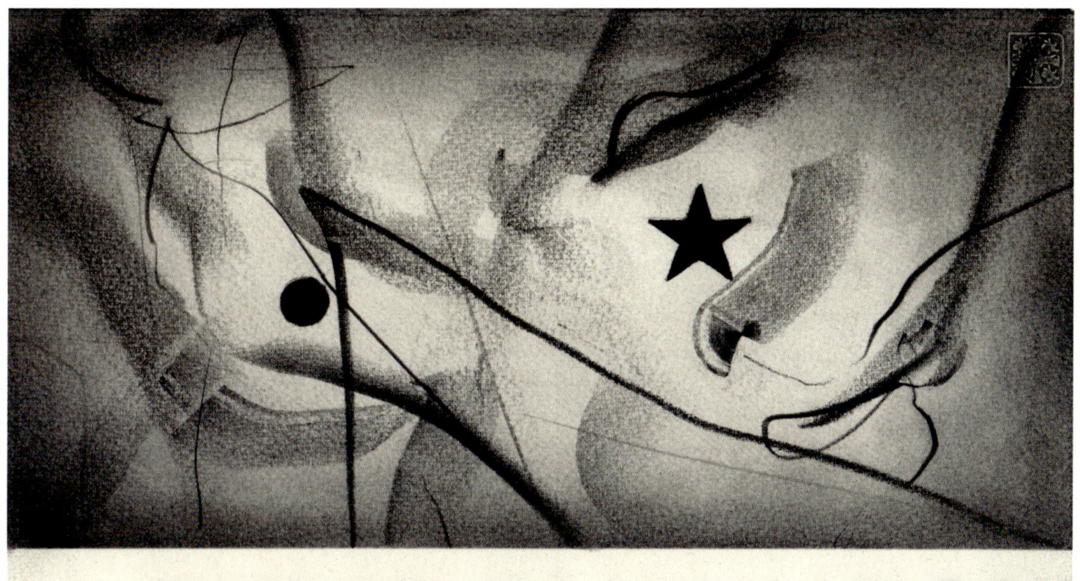

Wurst. Eine Morität
Serie von 12 Zeichnungen, 2009
Zeichnungen je 19×28 cm, Nerostift auf Bütten
S. 82 – 89

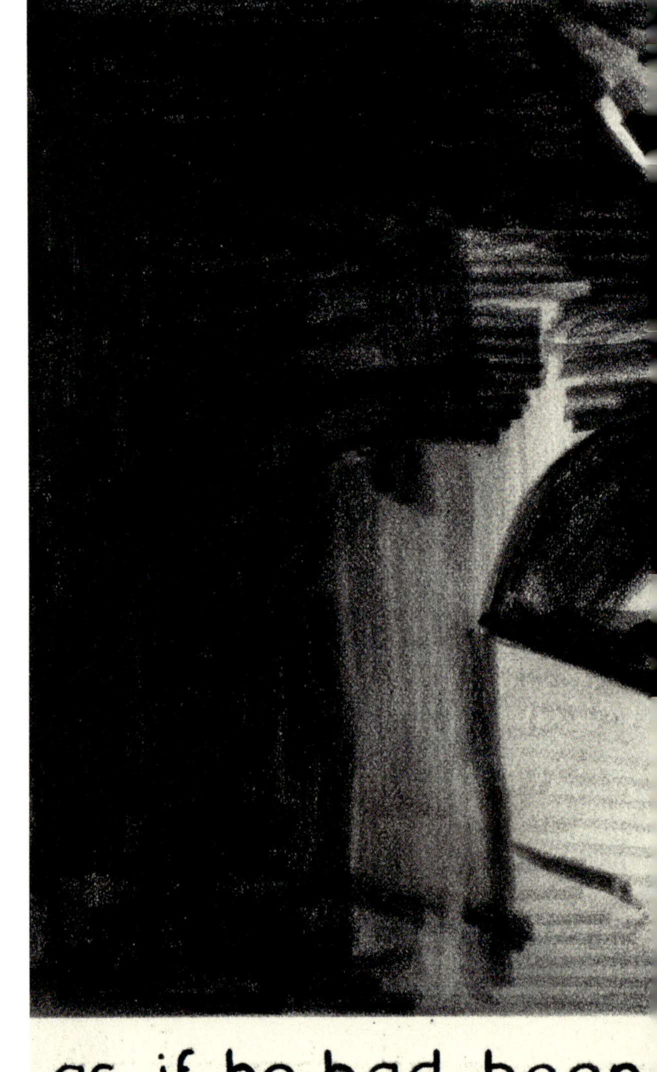

as if he had been

what I already kn

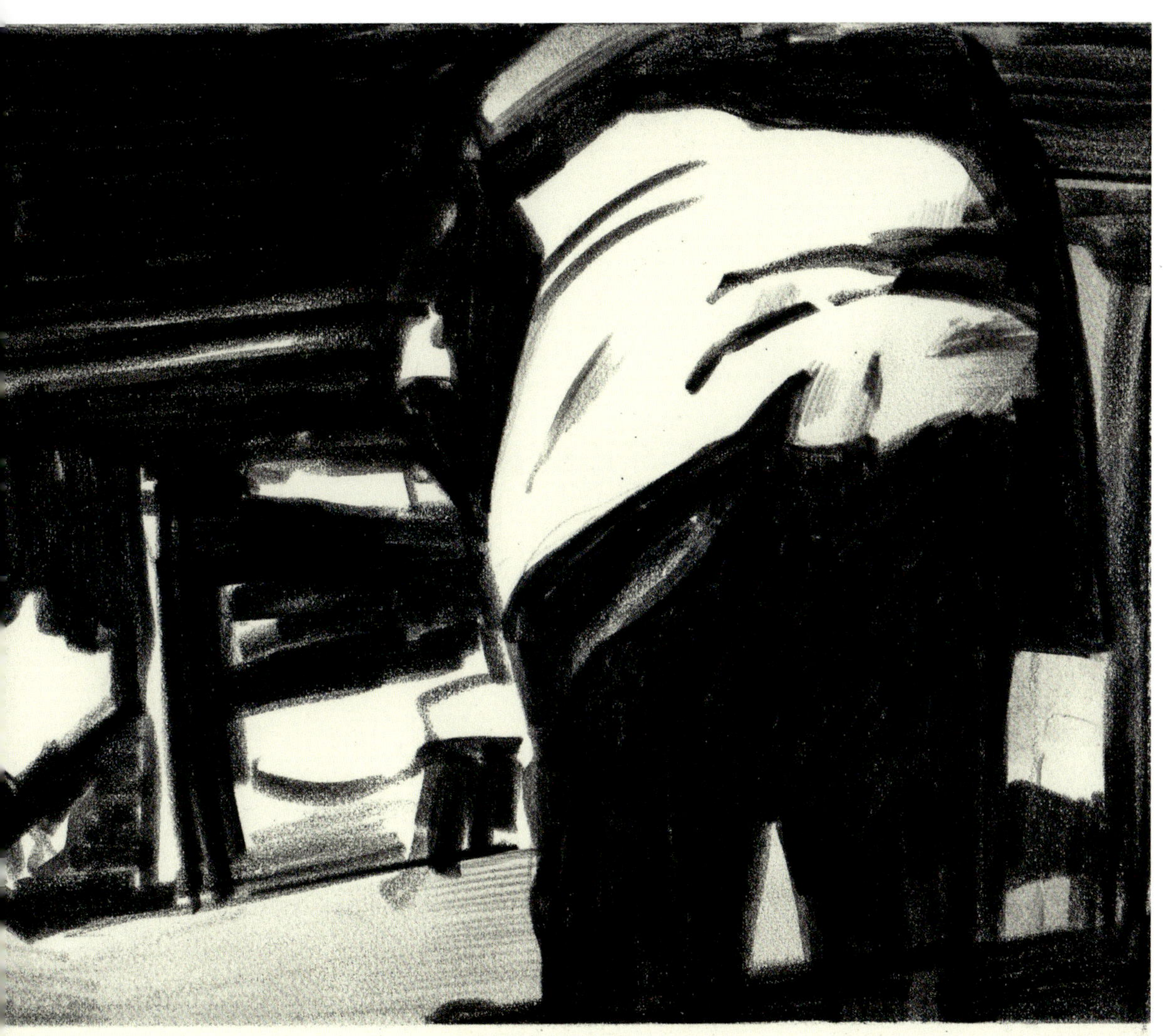

:k, too. An unknown man told us
– that Boryna had taken his own

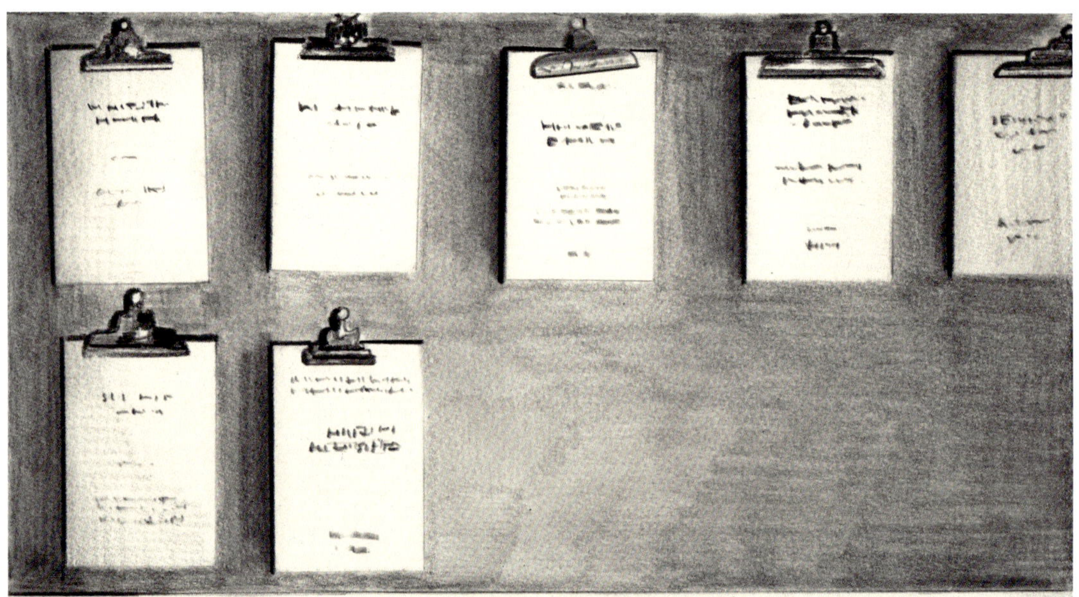

life. "We don't know how much he suffered...he explained it all in a letter to me...we must not judge

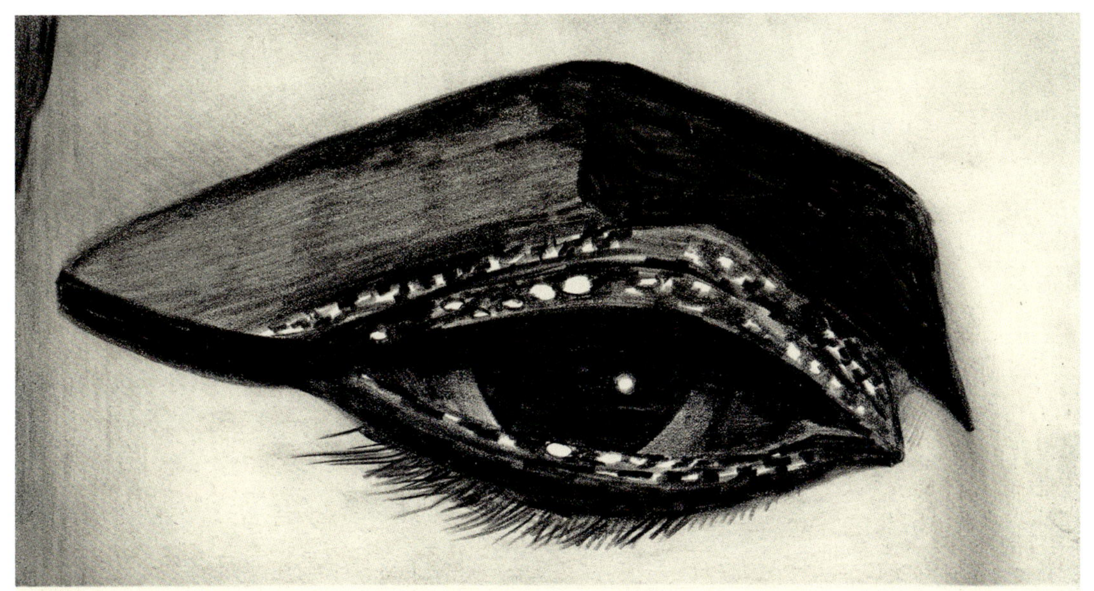

him..." And then he was holding out a thick envelope to Oswald. "He left a letter for you, too."

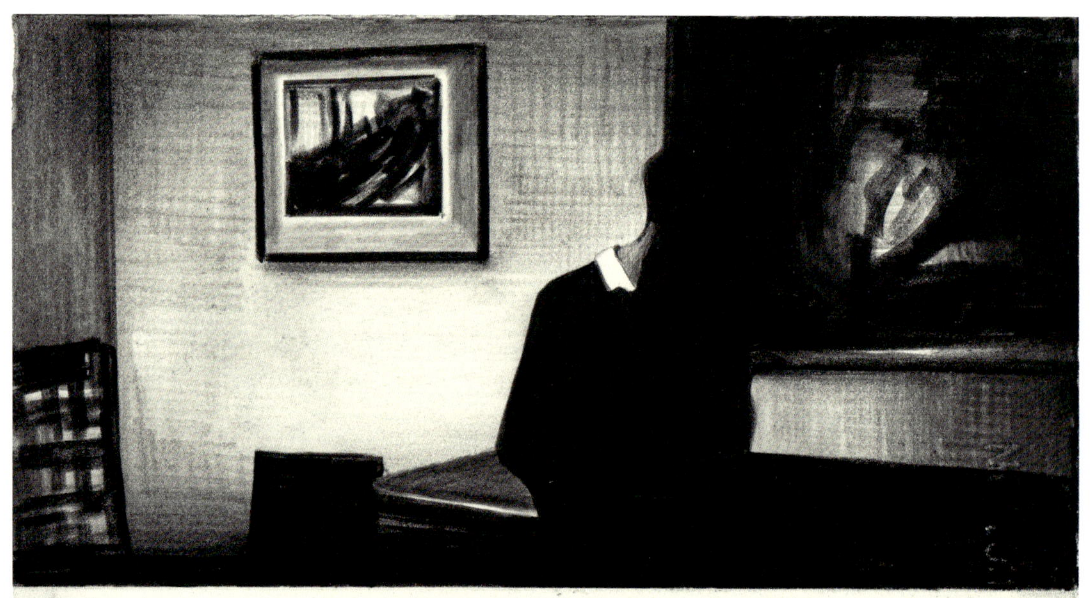

Oswald took the envelope, and I could not help no-
ticing that his fingers instinctively palpated it to

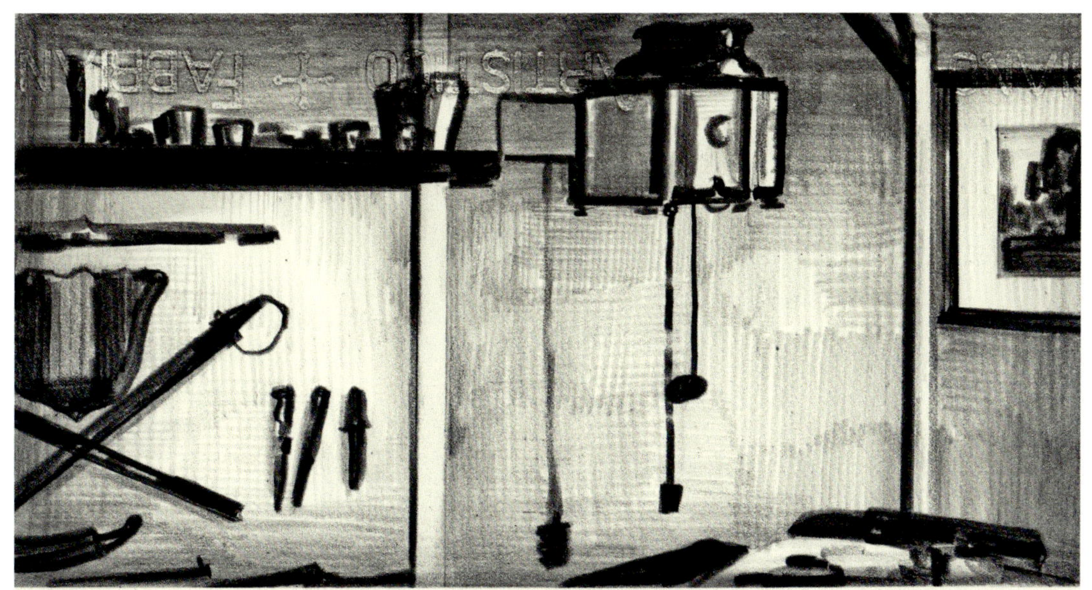

discover the lurking presence of banknotes. "And he left a parcel for you also." After this, the man

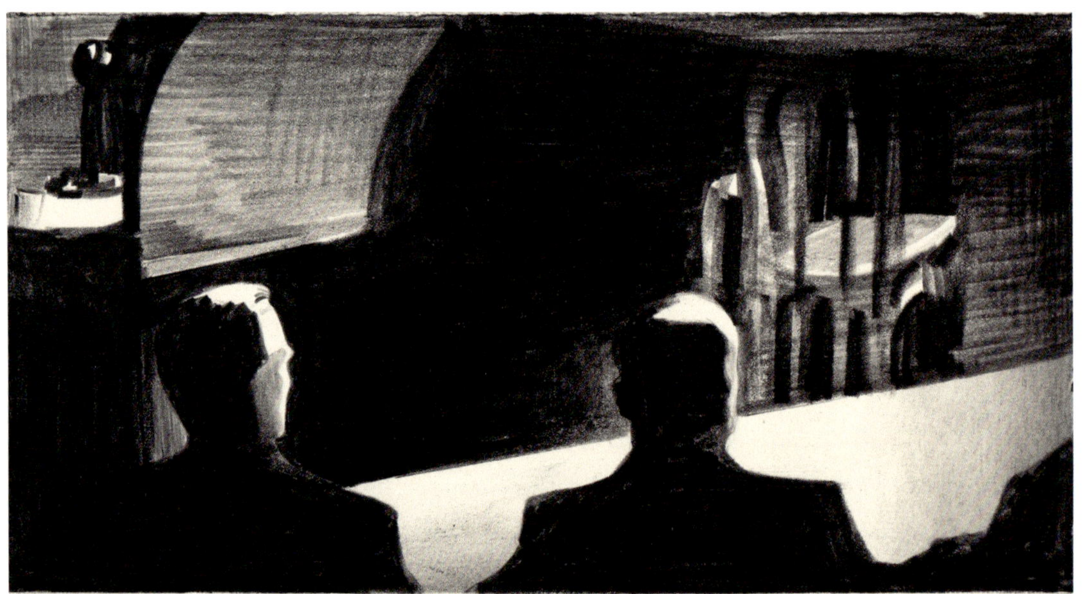

The Zurich Trial, Part 1: Witness for the Prosecution
Serie von 150 Zeichnungen, 2008/2009
Zeichnungen je 19×28 cm, Nerostift,
Farbstift und Gouache auf Bütten
S. 90–96

BIOGRAFIE / BIOGRAPHY

Marcel van Eeden
Geboren in/ born 1965 in Den Haag/
The Hague, The Netherlands

1989 – 1993 Studium der Malerei
an der Koninklijke Academie
van Beeldende Kunsten, The Hague
2006 Umzug/ move to Berlin,
Germany
2008 Umzug/ move to Zurich,
Switzerland
Lebt und arbeitet/ lives and works
in Zurich, Berlin and The Hague

MUSEEN UND INSTITUTIONEN
(AUSWAHL)/ MUSEUMS AND INSTI-
TUTIONS (SELECTION)

2011
Mathildenhöhe Darmstadt, Germany
Kunstmuseum St. Gallen, Switzerland
*Film und Kunst – Storyboards von
Hitchcock bis Spielberg,* Kunsthalle
Emden, Germany (group show)

2010
Haus am Waldsee, Berlin, Germany
Celia, BAWAG Contemporary BAWAG
Foundation, Vienna, Austria
*LINIE LINE LINEA. Zeichnung der
Gegenwart,* Kunstmuseum Bonn
(Gruppenausstellung / group show)
Cornelia Maersk, Nederlands
Fotomuseum, Rotterdam,
The Netherlands

2009
*The Zurich Trial, Part, 1: Witness for
the prosecution,* Hamburger Kunst-
halle, Germany
*Compass in Hand: Selections from
The Judith Rothschild Foundation,*
The Museum of Modern Art, New
York, USA
(Gruppenausstellung / group show)
Sammlung Boryna, Kunsthal KAdE
in Amersfoort, The Netherlands

2008
*The Archaeologist, The Travels of
Oswald Sollmann,* Centro de Arte
Caja de Burgos, Spain
Matheus' Dream, Centraal Museum,
Utrecht, The Netherlands
Witness for the prosecution, Kunst-
verein Heidelberg, Germany
Lügen.nirgends, Ausstellungshalle
zeitgenössische Kunst Münster,
Germany (Gruppenausstel-
lung / group show)
*Into Drawing – Zeitgenössische nie-
derländische Zeichnungen,* Museum
Schloss Moyland, Kleve, Germany,
travelling exhibition: Institut Néerlan-
dais, Paris, Istituto stituto Universita-
rio Olandese Di Storia Dell'Arte,
Florence, Italy (Gruppenausstellung / group show)

2007
*The Archaeologist, The Travels of
Oswald Sollmann,* Kunsthalle
Tübingen, Germany; Draíocht Arts
Centre, Dublin, Ireland
*Eyes Wide Open - New to the Stedeli-
jk Museum & the Monique Zajfen
Collection,* Stedelijk Museum CS,
Amsterdam, The Netherlands (Grup-
penausstellung / group show)
Made in Germany, Kestnergesell-
schaft, Hannover, Germany
(Gruppenausstellung / group show)
Drawing Typologies, Stedelijk
Museum CS, Amsterdam,
The Netherlands (Gruppenausstel-
lung / group show)
Against Time, Bonniers Konsthall,
Stockholm, Sweden (Gruppenaus-
stellung / group show)
endless possibilities, Kasa Galeri,
Sabanci University, Istanbul, Turkey
(Gruppenausstellung / group show)

2006
Celia, Kunstverein Hannover,
Germany; Museum Dhondt-Dhae-
nens, Deurle, Belgium
Anstoss Berlin – Kunst macht Welt,
Haus am Waldsee, Berlin, Germany
(Gruppenausstellung / group show)
K. M. Wiegand. Life and Work,
4th berlin biennial for contemporary
art, Berlin, Germany (Gruppenaus-
stellung / group show)

2005
Gesehene Worte, Kunsthaus Langen-
thal, Switzerland (Gruppenausstel-
lung / group show)
Real Time, Kunstcentrum Bergen
(KCB), Bergen, The Netherlands
(Gruppenausstellung / group show)
Drawings A-Z, Porta 33, Colecção
Madeira Corporate Services, Funchal,
Ilha da Madeira, Spain (Gruppenaus-
stellung/ group

2004
Marcel van Eeden, Museum Franz
Gertsch, Burgdorf, Switzerland
Encyclopédie De Ma Mort, Institut
Néerlandais, Paris, France
Zeichnung vernetzt, Städtische
Galerie Delmenhorst, Delmenhorst,
Germany (Gruppenausstel-
lung / group show)
Wish you where (t)here, Stedelijk
Museum, Aalst, Belgium (Gruppen-
ausstellung / group show)
Zie tekening, Stedelijk Museum
Wuyts-Van Campen, Lier, Belgium
(Gruppenausstellung / group show)
Centro Galego de Arte Contemporá-
nea, Santiago de Compostela, Spain
(Gruppenausstellung / group show)

2003
*Marcel van Eeden. Retrograde.
Dibujos 1993–2003,* Centro Galego
de Arte Contemporanea, Santiago
de Compostela, Spain; GEM Museum
Voor Actuele Kunst, The Hague,
The Netherlands
Atlas en Route, Provincie Zuid-Hol-
land, travelling exhibition in coopera-
tion with Galerie Van Kranendonk

(Gruppenausstellung/ group show)
De collectie uitgetekend, Museum
Het Valkhof, Nijmegen, The Netherlands (Gruppenausstellung / group
show)

2000
Teylers Museum, Haarlem, The
Netherlands

1999
Tekeningen, Hermen Molendijk-
stichting, Amersfoort, The Netherlands (Gruppenausstellung / group
show)
Moderne Kunst, Museum Het Valkhof,
Nijmegen, The Netherlands (Gruppenausstellung / group show)

1998
Historie en Afstand, Haags Historisch
Museum, The Hague, The Nether-
lands (Gruppenausstellung / group
show)
Henk Overduinprijs 1998, HKK,
The Hague, The Netherlands (Grup-
penausstellung / group show)

1997
Over het ophangen van tekeningen,
Akademisch Ziekenhuis Leiden (AZL),
The Netherlands
De Bruiloftsreportage, Centraal Mu-
seum Utrecht, The Netherlands
(Gruppenausstellung / group show)
De Krabbedans, Centrum Beeldende
Kunst, Eindhoven, The Netherlands
(Gruppenausstellung / group show)
Contouren, Commanderie van Sint
Jan, Nijmegen, The Netherlands
(Gruppenausstellung / group show)

1995
Stadscollectie 1995, Haags
Gemeentemuseum, The Hague,
The Netherlands (Gruppenausstel-
lung / group show)
Stedelijk Museum, Amsterdam, The
Netherlands (Gruppenausstel-
lung / group show)

1994
Het Zevende Museum, project
Hofvijvermusea/ Stroom Den Haag,
The Netherlands (Gruppenausstel-
lung / group show)

1993
Stadscollectie op zicht, Haags
Gemeentemuseum, The Hague,
The Netherlands (Gruppenausstel-
lung / group show)
Pelling #93, Centraal Museum
Utrecht, The Netherlands (Gruppen-
ausstellung / group show)
Losse tentoonstellingen II, Stichting
Haags Centrum voor Actuele Kunst
(H.C.A.K.), The Hague, The Nether-
lands (Gruppenausstellung / group
show)

GALERIE-EINZELAUSSTELLUNGEN
(AUSWAHL) / SOLO SHOWS
(SELECTION)

2011
Galerie ZInk, Berlin, Germany
Sprüth Magers, London, Great Britain

2010
A Cutlet Vaudeville Show,
Galerie Bob van Orsouw, Zurich,
Switzerland
Clint Roenisch Gallery, Toronto,
Canada

2009
*Das Weltall verwandelt in einen
Sonntagnachmittag,*
Galerie Zink München, Germany
Die Sammlung Boryna,
Galerie Bob van Orsouw, Zürich,
Switzerland
Gruenewald Drawings,
Galleri Bo Bjerggaard, Copenhagen,
Denmark
Letzte Reise nach Wien,
Galerie Georg Kargl Fine Arts Projekt-
raum, Wien, Austria

2008
SENSATIONAL New Way To Paint,
Galerie Zink Berlin, Germany
Tempo, Galerie S.A.L.E.S Rom, Italy

2007
Celia, Galerie Zink Berlin, Germany
Clint Roenisch Gallery, Toronto,
Canada
The death of Matheus Boryna,
Galerie Bob van Orsouw, Zürich,
Switzerland

2005
Galleria S.A.L.E.S., Rom, Italy
Wetering Galerie, Amsterdam,
The Netherlands
Galerie Zink & Gegner, Munich, Ger-
many
Clint Roenisch Gallery, Toronto,

Canada

2001
Galerie Michael Zink, Munich,
Germany
Wetering Galerie, Amsterdam,
The Netherlands

1998
Galerie Maurits van de Laar,
The Hague, The Netherlands.

1997
Wetering Galerie, Amsterdam,
The Netherlands

1996
Galerie Maurits van de Laar,
The Hague, The Netherlands

1995
Wetering Galerie, Amsterdam, The
Netherlands

1994
Galerie Maurits van de Laar,
The Hague, The Netherlands
Galerie Van den Berge, Goes,
The Netherlands

WERKE IN ÖFFENTLICHEN
SAMMLUNGEN/
WORKS IN PUBLIC COLLECTIONS

ABN AMRO Kunststichting, Amsterdam, The Netherlands
AEGON, The Hague, The Netherlands
AKZO Nobel Art Foundation, Amsterdam, The Netherlands
Centro Galego de Arte Contemporánea, Santiago de Compostela, Spain
Haags Gemeentearchief, The Hague, The Netherlands
Glenbow Museum, Calgary, Canada
Kupferstichkabinett – Museum of Prints and Drawings, Berlin, Germany
Louisiana Museum of Modern Art, Copenhagen, Denmark
Magasin 3 Stockholm Konsthall, Sweden
Ministerie van Buitenlandse Zaken, The Hague, The Netherlands
Museum Het Valkhof, Nijmegen, The Netherlands
The Museum of Modern Art, New York, USA
De Nederlandsche Bank, Amsterdam, The Netherlands
Neues Museum, Nürnberg, Germany
Provinciale tekeningencollectie, Utrecht, The Netherlands
Sammlung Goetz, München, Germany
Stadscollectie, Gemeentemuseum Den Haag, The Netherlands
Stedelijk Museum Amsterdam, The Netherlands
Stedelijk Museum Schiedam, The Netherlands
Teylers Museum, Haarlem, The Netherlands
Walker Art Center, Minneapolis, USA

PUBLIKATIONEN / PUBLICATIONS

2010
cat. *De Cornelia Maersk*, ed. *by Havenbedrijf Rotterdam N.V.* (Project Organisation Maasvlakte 2), Rotterdam 2010
cat. *The Archaologist. The travels of Oswald Sollmann*, ed. by *Chadha Collection*, Voorschoten, The Netherlands
cat. Haus am Waldsee, Berlin/ Kunstmuseum St. Gallen / Mathildenhöhe Darmstadt 2010

2009
Marcel van Eeden. Wird die moderne Kunst gemanagt?, Zeichungen und Malerei 1993–2009, by Michael Zink, Cologne 2009
cat. *Gestern oder im 2. Stock. Karl Valentin, Kunst und Komik seit 1948*, by Stadtmuseum Munich 2009
cat. *The Zurich Trial. Part 1: Witness for the prosecution*, ed. by Hamburger Kunsthalle, Hamburg 2009
cat. *Compass in Hand: Selections from The Judith Rothschild Foundation Contemporary Drawings Collection*, ed. by The Museum of Modern Art, New York 2009, p. 215
cat. *Leichtigkeit und Enthusiasmus. Junge Kunst und die Moderne / Ease and Eagerness. Modernism Today. (Duncan Campbell, Marcel van Eeden, Friederike Feldmann, Sabine Hornig, Julian Rosefeldt, Tatiana Trouvé, Sascha Weidner)*, ed. by *Kunstmuseum Wolfsburg*, Ostfildern-Ruit 2009
cat. *Grünewald Drawings*, by *Galleri Bo Bjerggaard*, Copenhagen 2009
cat. *Sammlung Boryna*, by Kunsthal KAdE Amersfoort 2009

2008
cat. *Andreas Schalhorn I bought the Brooklyn Bridge. 10 Jahre Erwerbungen der Graphischen Gesellschaft zu Berlin*, ed. by Kupferstichkabinett Berlin, Berlin 2008

cat. *Lügen.nirgends. Zwischen Fiktion, Dokumentation und Wirklichkeit*, ed. by Ausstellungshalle zeitgenössische Kunst Münster, Münster 2008

2007
cat. *Marcel van Eeden. The Archaeologist. El Arqueólogo - The Travels of Oswald Sollmann. Los Viajes de Oswald Sollmann*, ed. by Draíocht Dublin/ Centro de Arte Caja de Burgos (CAB), Dublin/ Burgos 2007
cat. *Anachronisms*, ed. by Sara Arrhenius und Magnus Berg, Stockholm 2007

2006
Marcel van Eeden, Celia, ed. by Kunstverein Hannover, Ostfildern 2006
Marcel van Eeden, K. M. Wiegand. Life and Work, ed. by Galerie Michael Zink München, Ostfildern 2006
cat. *Von Mäusen und Menschen: 4. berlin biennale für zeitgenössiche Kunst*, Ostfildern 2006. pp. 148-149

2004
cat. *Reinhard Spieler, Marcel van Eeden. zeichnungen/ drawings, blank_1*, ed. by Museum Franz Gertsch, Burgdorf 2004
cat. *Barbara Alms Zeichnung vernetzt // drawing links*, ed. by Städtische Galerie Delmenhorst, Delmenhorst 2004
cat. *Wish you were (t)here*, ed. by Stedelijk Museum Aalst, Aalst 2004

2003
Marcel van Eeden. tekeningen zeichnungen drawings dibujos 1993 – 2003, ed. by GEM, museum voor actuele kunst, The Hague / Centro Galego de Arte Contemporánea, Santiago de Compostela 2003

2000
cat. *Gerrit Jan de Rook, Als een punt breekt, weet je dat het mis is*, in: Teylers Magazijn 68, Haarlem 2000

ARTIKEL / ARTICLES

2009
Ermen, Reinhard: Marcel van Eeden, in: Kunstforum International, Bd. 196, April - Mai 09, S. 198ff.
Bieber, Alain, Marcel van Eeden, Eigentlich wollte ich Schriftsteller werden, in: art-magazin Online, 12.06.2009
Gardner, Belinda Grace, Ein kunstvoll inszenierter Mord, in: Die Welt online, 07.06.2009
Gretzschel, Matthias, Marcel van Eeden in der Hamburger Kunsthalle, in: Hamburger Abendblatt 11.06.2009
Niederländer Marcel van Eeden in der Hamburger Kunsthalle, in Ahlener Zeitung, Lübecker Nachrichten/ Mitteldeutsche Zeitung, Bild.de, 14.06.2009
Büsing, Nicole/ Klaas, Heiko, Moderne Zeiten und ihr Nachhall, in: kunstmarkt.com, 02.07.2009

2008
Reber, Simone, Sollbruchstelle, Gemälde von Marcel van Eeden in der Galerie Zink, in : Tagesspiegel, 10.05.2008
Kittel, Sören, Das Leben ist ein großes Legospiel, in : Berliner Morgenpost, 03.04.2008
Scheller, Jörg, Witness for the prosecution, in: Monopol, Nr. 11/2008, S. 114

2007
Scharrer, Eva, Marcel van Eeden/ Galerie Bob van Orsouw, in: Art Forum International, October 2007, p. 387
Kirn-Frank, Eva, Am liebsten will ich alles zeichnen, in: Stuttgarter Zeitung, 26.06.2007, p. 25
Zajonz, Michael, Volltreffer für Künstlerkarrieren, in: Welt am Sonntag, Sonderausgabe, June 2007, p. 82
Preuss, Sebastian, Mit dem Zeichenstift gegen den Tod, in: Berliner Zeitung, 15.05.2007, p.23
Richter, Peter, Solang wir nicht am Leben sind, in: Frankfurter Allgemeine Sonntagszeitung, 06.05.2007, p.27
Nedo, Kito, Leben verlängern per Stift, in: Die Tageszeitung, 04.05.2007, p.25
Briegleb, Till, Was bisher geschah, in: ART Kunstmagazin 4/2007, pp. 66-73
Schmid, Sophie, Marcel van Eeden in der Kunsthalle Tübingen, in: Kunstmarkt, 18.06.2007
Hinrichsen, Jens, Der Zeichenmaschinist / Marcel van Eeden erzählt Rätselgeschichten in der Berliner Galerie Zink, in: Der Tagesspiegel online, 19.05.2007
Marcel van Eeden, in : Artforum international, April 2007
Koerner von Gustorf, Oliver, Ich zeichne, weil ich ewig leben möchte, in: Monopol, Nr. 4, 01.04.2007, S. 68-77

2006
Nedo, Kito, Atelier der Welt, in: Art, 10/2006, p.30-40
Schloemann, Johan, Wundersame Enzyklopädie: Marcel van Eeden zeichnet Leben und Werk des grossen K. M. Wiegand, in: Süddeutsche Zeitung, 15.09.2006
Madoff, Steven Henry, Mind Games, in: Artforum, 9/2006, p.101 – 102
Baier, Uta, Der Reiter ist blau, in: Die Welt, 05.08.2006
Buhr, Elke, Zwei Solitäre im Kunstverein Hannover, in: Frankfurter Rundschau, 01.08.2006
Tilmann, Christina, Als ich einmal tot war, Der Tagesspiegel, 06.07.2006
Wulffen, Thomas, Marcel van Eeden, in: Kunstforum International, 180/2006, p. 246
Von Naso, Rüdiger, Die Unsterblichkeit im Blick, in: Madame, 6/2006, pp. 54- 57
Das unerhörte Leben des Herrn Wiegand, in : Monopol, 4/2006, S. 88
Marcel van Eeden, in: Arte, Metropolis, 01.07.2006 - 23:30
Marcel van Eeden, in: Monopol, 6/2006
Buhr, Elke, Wo der Weltgeist aufblitzt, in: Frankfurter Rundschau am Abend, 01.08.2006
Zimmer, Klaus, Kosmische Bilderwelten treffen auf fokussierte Vergangenheit, in: Dewezeit, 07.07.2006

2005
Already, I don't like it, in: FAZ Kunstmarkt extra, 27.10.2005
Balzer, David, Marcel van Eeden, Canadian Art, 22/2005, pp. 94-95
Dault, Gary Michael, The artist who wants to draw everything, in: The globe and Mail, 05.03.2005

2004
Buhrfeind, Eva, Drei Künstler auf einer „Bühne" versammelt, in: Berner Rundschau, 10.07.2004

IMPRESSUM / IMPRINT

Marcel van Eeden – Schritte ins Reich der Kunst

Diese Publikation erscheint anlässlich der gleichnamigen Ausstellung.

Haus am Waldsee, Berlin
25.11.2010 – 30.01.2011

Kunstmuseum St. Gallen, Schweiz
19.02. – 08.05.2011

Mathildenhöhe Darmstadt
13.11.2011 – 19.02.2012

KATALOG / PUBLICATION

Herausgeber / Editor:
Dr. Katja Blomberg, Konrad Bitterli, Dr. Ralf Beil
Übersetzung / Translation:
Volker Ellerbeck
Gestaltung / Design:
Hermann Hülsenberg Studio
Lithographie / Lithography:
bildpunkt, Berlin
Druck / Print: DZA Druckerei zu Altenburg GmbH

Alle Arbeiten / All works courtesy
S./pp. 2 – 11: Galerie Zink, München/Berlin
S./pp. 12 – 19: Sammlung Goetz
S./pp. 20 – 25: Courtesy Galerie Zink, München/Berlin
S./p. 26: Courtesy Galerie Zink, München/Berlin
S./p. 31 (von oben nach unten / from top): Courtesy Galerie Zink, München/Berlin; Courtesy Galerie Bob van Orsouw, Zürich; Courtesy Galerie Zink, München/Berlin
S./pp. 36 – 41: Courtesy Galerie Zink, München/Berlin und Galerie Bob van Orsouw, Zürich
S./pp. 42 – 49: Privatsammlung
S./pp. 50 – 57: Sammlung Falckenberg, Hamburg
S./pp. 58 – 65: Centraal Museum, Utrecht (Leihgabe der Sammlung Zeitgenössische Zeichnungen aus der Provinz Utrecht)
S./pp. S. 66 – 73: Courtesy Galerie Zink, München/Berlin und Galerie Bob van Orsouw, Zürich
S./pp. 74 – 81: Privatsammlung, Berlin
S./pp. 82 – 89: Sammlung Philara, Düsseldorf
S./pp. 90 – 96: Courtesy Galerie Zink, München/Berlin

Fotografie / Photography:
S./p. 26: Peter Cox
S./p. 31: Elke Walford, Hamburg; Peter Cox

Umschlagabbildung / Cover illustration:
Marcel van Eeden, o.T., 2009
28×38 cm, Nerostift auf Bütten
Privatsammlung, München (Courtesy Galerie Zink, München/Berlin)

2011 © Marcel van Eeden,
Haus am Waldsee, Berlin,
und / and Verlag der Buchhandlung Walther König, Köln

Erschienen im / Published by

Verlag der Buchhandlung Walther König, Köln
Ehrenstr. 4, 50672 Köln
Tel. +49 (0) 221 / 20 59 6-53
Fax +49 (0) 221 / 20 59 6-60
Email: verlag@buchhandlung-walther-koenig.de

Bibliografische Information der Deutschen Nationalbibliothek

Die Deutsche Nationalbibliothek verzeichnet diese Publikation in der Deutschen Nationalbibliografie; detaillierte bibliografische Daten sind über http://dnb.d-nb.de abrufbar.

Printed in Germany

Vertrieb / Distribution:

Schweiz / Switzerland
Buch 2000
c/o AVA Verlagsauslieferungen AG
Centralweg 16
CH-8910 Affoltern a. A.
Tel. +41 (0) 44 762 42 00
Fax +41 (0) 44 762 42 10
buch2000@ava.ch

Großbritannien & Irland / UK & Eire
Cornerhouse Publications
70 Oxford Street
GB-Manchester M1 5NH
Tel. +44 (0) 161 200 15 03
Fax +44 (0) 161 200 15 04
publications@cornerhouse.org

Außerhalb Europas / Outside Europe
D.A.P. / Distributed Art Publishers, Inc.
155 6th Avenue, 2nd Floor
New York, NY 10013
Tel: +1 212-627-1999
Fax: +1 212-627-9484
www.artbook.com

ISBN 978-3-86560-931-1

HAUS AM WALDSEE

Ausstellung / Exhibition:
Dr. Katja Blomberg, Marcel van Eeden
Direktor / Director:
Dr. Katja Blomberg
Geschäftsführung / Managing
director: Dr. Sandra Soltau
Projektkoordination / Project
Coordination: Felix Laubscher
Presse / Press: Veronika Floch
Marketing: Katja Creuzburg
Assistenz / Assistance:
Lena Rathmann
Kunstwerkstatt / Art Workshops:
Anke Gruss, Romy Kühnert
Aufbau / Installation: Ioan Dornauer

Haus am Waldsee
Ort Internationaler Gegenwartskunst
Argentinische Allee 30
D-14163 Berlin
T +49 (0) 30 / 8018935
www.hausamwaldsee.de
info@hausamwaldsee.de

MIT FREUNDLICHER
UNTERSTÜTZUNG /
WE ARE SUPPORTED BY

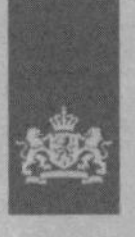

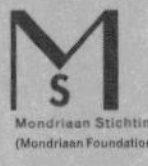

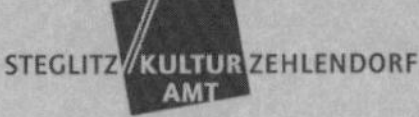

FREUNDE UND FÖRDERER
DES HAUSES AM WALDSEE E. V.

Medienpartner / media partners

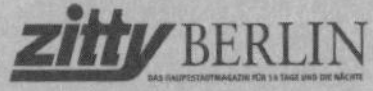

die tageszeitung

zitty BERLIN

KUNSTMUSEUM ST. GALLEN

Ausstellung / Exhibition:
Konrad Bitterli, Marcel van Eeden
Direktor / Director: Roland Wäspe
Geschäftsführung / Managing
director: Elvira Huber
Projektkoordination / Project Co-
ordination: Elfgard Sedleger
Presse / Press: Thomas Steccanella
Assistenz / Assistance: Nadia Vero-
nese, Samuel Reller
Kunstvermittlung / Art Education:
Stefanie Kasper, Cornelia Spillmann
Aufbau / Installation: Urs Burger,
Daniel Boller, Augustinus Rupp

Kunstmuseum St. Gallen
Museumstrasse 32
CH-9000 St.Gallen
T +41. 71. 242 06 71
www. kunstmuseumsg.ch
info@kunstmuseumsg.ch

DAS KUNSTMUSEUM WIRD
UNTERSTÜTZT VON / KUNSTMUSEUM
ST.GALLEN IS SUPPORTED BY

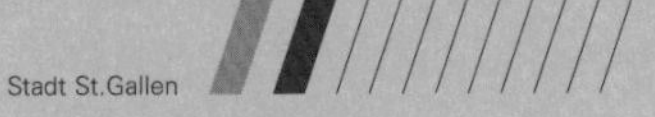

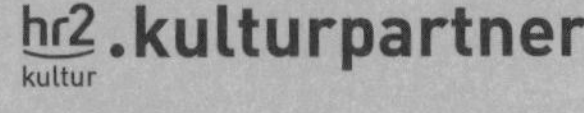

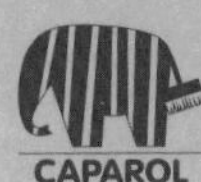

MATHILDENHÖHE DARMSTADT

Ausstellung / Exhibition:
Dr. Ralf Beil, Marcel van Eeden
Direktor / Director: Dr. Ralf Beil
Administrationsleiter / Managing
Director: Ulli Emig
Ausstellungsassistenz / Exhibition
Assistance: Anke Hillen, Anna-Pauline
Weinke
Presse / Press: Gwendolin Ross
Sekretariat / Secretarial Assistance:
Indra Metzger, Angelika Nitsch
Restauratorische Betreuung / Art
Conservation: Gitta Hamm
Aufbau / Installation: Uwe Brückner,
Christian Häussler, Hartmut Kani,
Karl-Heinz Köth, Jürgen Preusch

Institut Mathildenhöhe Darmstadt
Olbrichweg 13
D-64287 Darmstadt
T +49 (0) 6151 / 132778
www.mathildenhoehe.eu
mathildenhoehe@darmstadt.de

DIE MATHILDENHÖHE DARMSTADT
WIRD UNTERSTÜTZT VON /
MATHILDENHÖHE DARMSTADT IS
SUPPORTED BY

Mathildenhöhe Darmstadt ist
hr2 kultur .kulturpartner

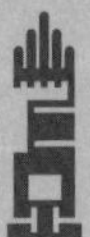

Wissenschaftsstadt
Darmstadt